GOLDMANN

Buch

Unseren Vorfahren noch geläufig, wird das Wissen um die Einflüsse der Mondrhythmen auf unser Leben erst seit wenigen Jahren wiederentdeckt. Mit Hilfe des praktischen Jahrbuchs lässt sich dieses Wissen für den Alltag nutzen. Die Autoren machen Tag für Tag mit den Grundregeln für Gesundheit und Garten, Haushalt und Renovieren vertraut und benennen den richtigen Zeitpunkt für zahlreiche Tätigkeiten.

Autoren

Johanna Paungger wuchs in engster Vertrautheit mit den Mond- und Naturrhythmen auf. Ihr Großvater ließ sie teilhaben an seinem immensen Wissen um eine gesunde Lebensführung und Vitalität bis ins hohe Alter. Thomas Poppe, Autor und Übersetzer, beschäftigt sich seit vielen Jahren mit den Einflüssen der Mondrhythmen auf den Alltag. Gemeinsam schrieben sie die Longseller *Vom richtigen Zeitpunkt*, *Aus eigener Kraft* und *Alles erlaubt!*, die eine Renaissance des Gesundheitsbewusstseins einläuteten und unzählige praktische Tipps für den Lebensalltag bereitstellen. Darüber hinaus haben sie ein umfangreiches Kalenderprogramm entwickelt, das Tag für Tag die Erkenntnisse des Mondwissens praktisch umsetzt. Neben ausgedehnter Vortragstätigkeit im gesamten deutschsprachigen Raum betreiben die Autoren auch einen kleinen Versand mit selbst entwickelten und zum richtigen Zeitpunkt hergestellten Produkten.

Von Johanna Paungger und Thomas Poppe außerdem erschienen:

Moon Power · Fragen an den Mond · Alles erlaubt! · Aus eigener Kraft · Fit zum richtigen Zeitpunkt – Die Mondgymnastik · Der lebendige Garten · Bauen mit dem Mond · Das Mondlexikon · Jahresübersichten 2024–2034 · Das Tiroler Zahlenrad · Lebenschance Tiroler Zahlenrad · NEU: Meditieren zum richtigen Zeitpunkt

Dazu das umfassende Kalenderprogramm für »Das Mondjahr 2024«:

Abreißkalender · Taschenkalender · Taschenkalender, farbig · Foto-Wandkalender · Wochenkalender · Familienkalender · Wand-Spiralkalender · Streifenkalender · Zeit für mich · Garten-Spiralkalender · NEU: Zeit zum Meditieren – Affirmationen für jeden Tag

Johanna Paungger
Thomas Poppe

Das Mond-Jahrbuch 2024

GOLDMANN

MIX
Papier | Fördert gute Waldnutzung
FSC
www.fsc.org
FSC® C014496

Klimaneutral*
Druckprodukt
ClimatePartner.com/14044-1912-1001

Penguin Random House Verlagsgruppe FSC® N001967

1. Auflage
Originalausgabe Mai 2023

in der Penguin Random House Verlagsgruppe GmbH,
Neumarkter Str. 28, 81673 München
Umschlaggestaltung: UNO Werbeagentur, München
Umschlagfoto: FinePic
Satz: Uhl + Massopust, Aalen
Druck und Bindung: GGP Media GmbH, Pößneck
CH · Herstellung: IH
Printed in Germany

ISBN 978-3-442-17983-1

Herzlich willkommen im neuen Jahr 2024!

Das Glück ist nicht im ewig lachenden Himmel zu suchen,
sondern in feinen Kleinigkeiten,
aus denen wir unser Leben zusammenzimmern.

Carmen Sylva

Liebe Leserinnen und Leser,

wir freuen uns über das Wiedersehen mit Ihnen und hoffen, das Jahr 2024 bringt Ihnen, was Sie sich wünschen! Genießen Sie auch in Zukunft, was Ihnen das Leben an Schönem bringt, und meistern Sie seine Tiefen im Bewusstsein, dass nichts von Dauer ist, weder die Höhen noch die Lebenstäler.

Natürlich leben wir in einer bewegten Zeit, und viele von uns sind – teilweise schon seit Jahren – immer wieder mit Situationen konfrontiert, die große Belastungen bringen, sowohl seelisch als auch materiell. Auswege gibt es aus jeder Situation, aber sie auch zeitgerecht zu erkennen und danach zu handeln, ist nicht jedem gegeben.

Dabei gäbe es ein Werkzeug, das in solchen Situationen fast immer gute Lösungen bringt: das Meditieren. Meditation ist das Gegenteil von Grübeln, Kalkulieren, sich Sorgen, Berechnen. Es bedeutet, in der Stille des Geistes das Tor zur Intuition zu finden – zur Lösung eines Problems, die einen dann oft ausrufen lässt: »Da hätte ich auch schon früher draufkommen können!« Und weil die Fähigkeit zum Meditieren gerade heute so wichtig ist, haben wir ein eigenes kleines Büchlein geschrieben: »Meditieren zum richtigen Zeitpunkt«, das wir ab diesem Jahr auch mit einem Meditationskalender begleiten werden (»Zeit zum Meditieren«). Um Sie zu inspirieren, sich näher mit dieser Fähigkeit zu befassen, aus dem Buch einige Worte:

Meditation bedeutet, in der eigenen Gedankenwelt einen speziellen Raum zu entdecken und langsam zu erweitern, nämlich den freien Raum zwischen sich selbst, dem »Beobachter«, und dem eigenen Gedankenstrom.

Sie können diesen Raum genau jetzt schon ein wenig fühlen, wenn Sie auf Ihre Hand schauen und sich die Frage stellen: »Meine Hand hält dieses Buch. Wer aber ist es, der die Hand betrachtet?«

Die Fähigkeit zum innerlichen Stillwerden und zur Erweiterung des Raums zwischen Bewusstsein und Gedankenstrom haben wir alle. Dieses Buch wird dabei helfen, diese Fähigkeit auch zu nutzen. Denn jede Meditation kann Sprengstoff bergen. Vom Moment unserer Geburt an legt sich Schicht um Schicht ein Flechtwerk um die Quellen unserer wahren Gedanken, um unsere unfehlbare Intuition. Ein Netz bestehend aus fremden Gedanken, Vorurteilen, Überzeugungen, Denkblockaden, Denktabus – bis wir nicht mehr unterscheiden können, was fremd und aufgezwungen ist und was echt und den eigenen inneren Quellen entspringend.

Meditation kann dieses Flechtwerk, dieses fesselnde Netz nach und nach abtragen – ja sogar in nur kurzer Zeit sprengen. Wie erfolgreich, wie schnell, wie endgültig – das ist von Mensch zu Mensch verschieden und letztlich abhängig von der Kraft der Meditation, aber auch von der Angst davor, alte Denkmuster loszulassen. Meditation bedeutet also Raum zu schaffen für die große Freiheit in uns.

Und sie kann innerhalb kurzer Zeit Lösungen für Probleme bringen, die mit den üblichen Methoden verschlossen bleiben.

Mit allen unseren guten Wünschen möchten wir Ihnen dieses wertvolle Instrument in die Hände legen.

Ihre Johanna Paungger-Poppe und Thomas Poppe

Paungger & Poppe seit 1991 – Bücher, Kalender und vieles mehr …

Umweltschutz, Heilkunde, naturgemäßer Hausbau, giftfreier Betrieb von Gartenbau und Landwirtschaft und viele weitere Tätigkeitsfelder waren früher ohne das Wissen um die Mond- und Naturrhythmen gar nicht denkbar. Mit unseren Büchern versuchen wir, unseren LeserInnen zu ermöglichen, ganz neu einzusteigen und umzudenken, ohne jede Vorkenntnisse, was den Mondeinfluss betrifft. Versuchen Sie es einfach und lassen Sie sich vom Ergebnis überzeugen.

- ***Moon Power.*** Das Buch enthält alles Wichtige zum Thema Einfluss von Mond- und Naturrhythmen, aufbauend auf den Erfahrungen der letzten 30 Jahre im Gespräch mit vielen LeserInnen in aller Welt. Ein Buch, das Sie getrost als »Übersetzungshilfe« und kleinen Wegweiser Ihren Söhnen, Töchtern, Nichten und Neffen, Enkeln und allen anderen jungen und jung gebliebenen Menschen anbieten könnten, die sich für eine gültige Antwort auf die Frage interessieren: »Wie bauen wir eine gute Zukunft für alle?«
- ***Das Tiroler Zahlenrad.*** Von der bedachten Kindererziehung bis zur Berufswahl auf Basis tatsächlich vorhandener, aber vielleicht noch versteckter Talente – bei alledem kann das hier verborgene Wissen eine große Hilfe sein.
- ***Lebenschance Tiroler Zahlenrad.*** Mit dem Buch der Lebenschancen erweitern wir das Spektrum der Anwendungsmöglichkeiten des Zahlenrads um einen großen Schritt. Das Zahlenrad als Schlüssel zur Zufriedenheit der Seele – in allen Altersstufen und Lebenslagen!
- ***Der lebendige Garten*** – *Gärtnern zum richtigen Zeitpunkt in Harmonie mit Mond- und Naturrhythmen.* Der Mond schenkt

ein üppiges Blütenmeer, kerngesunde Pflanzen und eine reiche Ernte. Wir zeigen, worauf es beim Gärtnern wirklich ankommt, nämlich auf die Kunst des richtigen Zeitpunkts und die Harmonie zwischen Mensch und Natur.

- ***Alles erlaubt.*** *Ernährung, Körperpflege, Schönheit – zum richtigen Zeitpunkt.* Das Buch gibt diesen wichtigen Bereichen unseres Alltags ein neues Fundament – jenseits des Diktats der Diätregeln und Kalorientabellen. Mit Alpha-Omega-Ernährungsberatung!
- ***Aus eigener Kraft.*** Das Werk befasst sich ausführlich mit dem Zusammenhang zwischen Mondphasen und Mondstand im Tierkreis und Wirkung vorbeugender und heilender Maßnahmen für Körper, Geist und Seele.
- ***Bauen mit dem Mond*** – *Renovieren, Hausbau, Holzverarbeitung zum richtigen Zeitpunkt.* Das Buch kommt dem Leser mit jahrtausendealtem Wissen zu Hilfe, um Chemiegifte und Konservierungsmittel entbehrlich zu machen und Krankheiten den Boden zu entziehen.
- ***Vom richtigen Zeitpunkt.*** Unser Klassiker, mit dem alles anfing, neu bearbeitet und um 30 Seiten erweitert!
- ***Fit zum richtigen Zeitpunkt – Die Mondgymnastik.*** Ein Rundumprogramm für körperliche Fitness, seelische Ausgeglichenheit und ganzheitliche Gesundheit mit sanften Bewegungsübungen für alle Altersstufen. »Ich bin jetzt schon 81, aber seit ich die Mondgymnastik mache, musste ich nicht mehr zum Arzt.« Ein Zitat aus einem der vielen Briefe, die uns erreicht haben. Das Geheimnis dieser Gymnastik liegt im richtigen Zeitpunkt. Das Buch weist einen einfachen und direkten Weg zur körperlichen Aufwärtsspirale. NEU: Mit Übungs-Poster!
- ***Alpha-Omega-Formel.*** Ernährung ganz persönlich! Ein Buch, das sich unsere LeserInnen schon immer gewünscht haben! Wir

erzählen von einer natürlichen Ernährungsweise, die Fröhlichkeit und Lebenskraft spendet, die gesund macht und gesund hält, die köstlich schmeckt, die wieder Lust macht aufs Selbstkochen – allein und in der Familie. Die *Alpha-Omega-Formel* enthält wesentliche Bausteine für eine ganz persönliche Ernährungsweise. Mit den vielen spannenden Rezepten lässt sie sich ganz einfach in den Alltag integrieren. Sie macht nicht nur schlank und fit, sondern ist auch gute Medizin, ein wahres Lebenselixier!

- ***Espresso mit dem Teufel.*** Ein Weckruf für die Seele. Thomas Poppe packt in diesem außergewöhnlich tiefgründigen und dabei stets greifbaren und amüsant-provokanten Dialog die großen Themen an, die uns Menschen zutiefst bewegen, ob es uns bewusst ist oder nicht. Er zeigt, wie ein nachhaltiges, spirituell erfülltes Leben im Einklang mit sich selbst, seinen Mitmenschen und der Natur gelingen kann.
- **NEU: *Meditieren zum richtigen Zeitpunkt.*** Eines der Grundprinzipien des Wissens »vom richtigen Zeitpunkt« lautet: Was ich für die Körperzone tue, die von dem Tierkreiszeichen regiert wird, das der Mond gerade durchwandert, wirkt doppelt positiv (Ausnahme: Operationen). In derselben Weise stärken Affirmation und Meditation zum richtigen Zeitpunkt Körper, Geist und Seele. Ein Buch, das den Geist befreit.

Ein rundes Mondkalender-Programm

Unsere Bücher begleiten wir seit Jahren mit einem vielfältigen Mondkalender-Programm:

- ***Der Streifenkalender***, der überall Platz findet! Er sucht sich mühelos ein Plätzchen, etwa wie bei uns zu Hause im Türrahmen. Er wartet nur darauf, Ihnen bei vielen Alltagsentscheidungen zur Seite zu stehen. Mit allen Symbolen in Farbe, die auch im Taschenkalender enthalten sind. Im Format 12 x 60 cm.
- ***Das Mondjahr – Zeit für mich.*** Im Einklang mit dem Mond leben heißt, im Einklang mit sich selbst leben – ausgeglichen, vital und von natürlicher Schönheit. In diesem Kalender teilt Johanna Paungger ihren immensen Wissensschatz rund um Schönheitspflege, Ernährung, Gesundheit und Fitness zum richtigen Zeitpunkt mit Ihnen. Ein wertvoller Begleiter für jede Frau, im praktischen Handtaschenformat von 11,5 x 16 cm.
- ***Der Garten-Spiralkalender.*** Der richtige Zeitpunkt kann Ihren Garten in ein Paradies verwandeln, wenn Sie ihn kennenlernen und beherzigen. Fürs Kennenlernen sind wir da, das Beherzigen ist Ihr persönliches Abenteuer.
- ***Der Spiral-Wandkalender.*** Auf Anregung vieler LeserInnen haben wir dieses Kalenderformat ins Programm aufgenommen. Ein ganzer Monat auf einen Blick, mit farbigen Tätigkeitssymbolen und viel Platz für Notizen und obendrein noch ein schönes Mondfoto im Querformat – das unentbehrliche Werkzeug im Jumbo-Format, mit den Maßen 33 x 48,5 cm.
- ***Das Mondjahr – Taschenkalender*** in Schwarz-Weiß und in Farbe. 160 Seiten im Format 14,5 x 10,5 cm. Das ideale Büchlein auch für Neueinsteiger. Mit Symbolen und Texten für eine Vielzahl von Tätigkeiten und einer Serie von Mini-Kalendern!

- ***Der Foto-Wandkalender.*** Zwölf wunderschöne Landschaftsfotos mit Mond verwandeln diesen Monatskalender in eine Zierde für Heim und Büro. Enthält sämtliche Symbole und Texte, die auch im Taschenkalender zu finden sind. Viel Mondwissen auf einen Blick im Format 28 x 32 cm.
- ***Die Jahresübersichten 2024–2034.*** Elf Jahre Mondkalender im DIN-A5-Format, eine Loseblattsammlung, wie sie auch unseren ersten beiden Büchern beiliegt. Das unentbehrliche Werkzeug in seiner einfachsten Form. Speziell für alle LeserInnen gedacht, deren Buch-Kalender abgelaufen sind.
- Der original Paungger & Poppe ***Abreißkalender.*** Das Mondjahr für jeden Tag. Mit vielen Mini-Geschichten, die das Wirken der Mondrhythmen leicht verständlich nahebringen, mit zeitlosen Weisheiten und natürlich mit den Grundregeln des Mondwissens. Enthält die vollständige Symbolsammlung. Format 13 x 11,5 cm. Mit einer Serie von Mini-Kalendern für verschiedene Tätigkeiten!
- Der ***Wochenplaner*** für den Schreibtisch mit allen Symbolen und Texten, die auch ***Das Mondjahr*** enthält. Zum Aufstellen für den Schreibtisch im Format 32 x 11 cm.
- Das Mondjahr als ***Familienkalender.*** Das bewährte Mondjahr im beliebten Familienkalender-Format. Ein unentbehrlicher Begleiter durch den Termindschungel Ihrer Familie! Mit allen Symbolen und schönen Mondfotos!
- ***Das Mond-Jahrbuch.*** Die Idee unseres russischen Verlags: Der Abreißkalender als handliches Taschenbuch! Die bunte Vielfalt von Tipps, Merksprüchen usw. zum immer wieder Nachschlagen und Sammeln. Die ideale Lektüre fürs Nachtkästchen.
- **NEU!** ***Zeit zum Meditieren. Mit Affirmationen für jeden Tag.*** Dieser Kalender liefert passend zum Mondstand für jeden Tag Affirmationen und heilsame Worte. Der tägliche Begleiter für Wohlbefinden und Klarheit im Einklang mit den Mondrhythmen.

Und so verwenden Sie Kalender und Symbole

Bei seinem 28-tägigen Lauf um die Erde durchwandert der Mond dieselben Tierkreiszeichen wie die Sonne, hält sich aber in jedem Zeichen nur zwei bis drei Tage lang auf. Gleichzeitig mit diesem »Mondstand im Tierkreis« und in Harmonie mit den Mondphasen macht sich auf der Erde ein deutlicher Einfluss bemerkbar, den wir im Alltag in vielfältigster Weise nutzen können, in jedem Lebensbereich.

So regiert jedes Tierkreiszeichen eine Körperzone, beeinflusst einen Pflanzenteil und besitzt eine Nahrungsqualität. Diese Informationen sind täglich angegeben und können mit Hilfe unserer Bücher ausgewertet und im Alltag umgesetzt werden. Die kräftig gedruckten Symbole zeigen Ihnen auf einen Blick, welche Tätigkeit gerade besonders begünstigt ist. Ist das Symbol hellgrau dargestellt, dann verspricht die jeweilige Tätigkeit an diesem Tag weniger Erfolg als an allen anderen Tagen. Bitte nicht vergessen: Ein Symbol sagt Ihnen nur, dass sich der jeweilige Tag am besten oder am schlechtesten für die jeweilige Tätigkeit eignet. Das heißt nicht, dass Sie sich bei einem verpassten günstigen Termin Sorgen machen sollten oder dass die Tätigkeit bei einem ungünstigen Termin garantiert ein Misserfolg wird. Wenn Sie beispielsweise einmal bei Fische zum Haareschneiden gehen müssen, gehen Sie einfach beim nächsten Mal bei Löwe oder Jungfrau und heben damit den negativen Fische-Einfluss auf. Dieses Beispiel lässt sich auf fast alle anderen Hinweise und Regeln übertragen. Gebrauchen Sie immer auch Ihr Gespür und Ihren gesunden Menschenverstand. Den Alltag starr nach dem Mondkalender auszurichten macht niemandem Freude und ist nicht in unserem Sinne.

zunehmender Mond ☽

abnehmender Mond ☾

Zwischen jedem Neu- und Vollmond geben wir täglich das Symbol für den zunehmenden Mond an, zwischen Voll- und Neumond täglich das Symbol für den abnehmenden Mond. Das ist besonders im Bereich der Gesundheit von Vorteil, weil Sie dann sofort diese beiden wichtigen Mondphasen unterscheiden können.

Neumond ●

Vollmond ○

Die Angabe der genauen Uhrzeit für Neumond und Vollmond ist sinnvoll, besonders dann, wenn der jeweilige Zeitpunkt sehr früh am Tag, zwischen Mitternacht und Morgen liegt. Zwar ist eine Aussage wie »Heute ist Neumond« oder »Heute ist Vollmond« dann richtig, aber bei einem frühen Neumond ist der ganze Tag schon stark vom zunehmenden Mond, bei einem frühen Vollmond vom abnehmenden Mond beeinflusst. Das ist in der Heilkunde von Bedeutung (siehe *Aus eigener Kraft*), aber auch in Gartenbau und Landwirtschaft, denn die besonderen Kräfte der Voll- und Neumondtage machen sich dann am vorherigen Tag am stärksten bemerkbar.

Bei der Angabe der Neu- und Vollmondzeiten ist aus verschiedenen Gründen die Sommerzeit nicht berücksichtigt, unter anderem, weil sich die Natur nicht nach der Sommerzeit richtet.

Bauen, Heimwerken, Verbinden

Dieses Symbol wird Sie immer bei abnehmendem Mond im Tierkreiszeichen Steinbock daran erinnern, dass dies der ideale Zeitpunkt ist, um besonders heikle Arbeiten bei Hausbau und Renovieren giftfrei durchzuführen – und zwar immer dann, wenn es um das *Verbinden* zweier unterschiedlicher Materialien geht: Stein mit Naturboden, Lack mit Metall, Putz mit Beton, Ziegel auf Ziegel, vor allem aber

Holz mit Holz, etwa beim Aufrichten einer Stiege usw. Zur Erinnerung: Der abnehmende Mond eignet sich generell für diese Arbeiten besser als der zunehmende Mond.

Bäume und Sträucher pflanzen

Zu bestimmten Jahreszeiten taucht dieses Symbol im Tierkreiszeichen Jungfrau auf und markiert damit den Zeitpunkt, an dem selbst ältere Pflanzen schnell anwurzeln und kräftig heranwachsen. Was immer Sie an Pflanzarbeiten durchführen wollen, vom Pflanzen eines einzelnen Baumes über Alleen bis hin zum Aufforsten ganzer Waldareale nach einem Sturmschaden – achten Sie auf dieses Symbol, und der Erfolg ist Ihnen gewiss.

Baumköpfen/Intensiver Rückschnitt

Ein Segen für das Budget von Stadtgartendirektionen wäre es, auf dieses Symbol zu achten. Die Maßnahme des »Baumköpfens« richtet sich in erster Linie auf die Behandlung kränkelnder Bäume, sie ist aber auch sehr sinnvoll bei gesunden Pflanzen und Bäumen, die nicht recht gedeihen oder dichter wachsen sollen. Bei Nadelbäumen entfernen Sie einfach ein kurzes Stück der Spitze, knapp oberhalb eines Kranzes von mehreren Seitentrieben. Der Baum empfindet das als starken Wachstumsimpuls und wählt dann von selbst den stärksten Seitentrieb als neue Spitze. Laubgehölze beschneiden Sie so, wie man Haarspitzen schneidet: kein starker Rückschnitt, sondern nur einige Astspitzen am ganzen Baum. Ein radikaler Rückschnitt zur »Wiederbelebung« von Hecken, Bäumen und sonstigen Pflanzen bringt an Neumond ebenfalls beste Ergebnisse.

Blumengießen

Zimmerpflanzen und Balkonpflanzen müssen nicht so oft gegossen werden, wie es den Anschein hat. Gewöhnen Sie Ihre Pflanzen langsam an den im Kalender angegebenen Rhythmus (Gießen nur an Blatttagen: Krebs, Skorpion, Fische). Um die Umgewöhnung zu erleichtern, können Sie anfangs auch an Wurzeltagen (Stier, Jungfrau, Steinbock) gießen, am besten immer mit kalkfreiem Regenwasser oder abgestandenem Wasser. Balkonblumen und manche exotische Pflanzen mit hohem Wasserbedarf müssen Sie dennoch öfter gießen.

Zu häufiges Gießen an Blütentagen (Zwillinge, Waage, Wassermann) lockt Schädlinge an, besonders die Läuse. Gemeinden könnten sich Unsummen sparen, wenn sie bei allen Bewässerungsmaßnahmen öffentlicher Grünanlagen auf dieses Symbol achten würden. Trinkwassereinsparung und gesündere Pflanzen wären ihr Lohn.

Düngen

Achten Sie beim Düngen auf den Mondstand und beobachten Sie, wie gut die Erde bei abnehmendem Mond das jeweilige Düngemittel aufnimmt. Das gilt auch für alle Zimmer- und Balkonpflanzen. Das Symbol finden Sie an allen Tagen, die sich entweder besonders gut oder besonders schlecht fürs Düngen eignen. Generell gilt, dass man eher bei abnehmendem Mond düngen sollte.

Einkochen

Bei abnehmendem Mond Eingekochtes hält stets länger. Wenn Sie bei zunehmendem Mond arbeiten, achten Sie auf ein Fruchtzeichen (Widder, Löwe, Schütze). Obst ist bei zunehmendem Mond zwar saftiger und aromatischer, aber die Fäulnisgefahr ist größer, deshalb am besten sofort verbrauchen. Weil heute vielfach tiefgefrorene Früchte verarbeitet werden, finden Sie dieses Symbol während des ganzen Jahres und auch an Wochenenden. Ein Tipp: Ernten und gefrieren Sie bei zunehmendem Mond an einem Fruchtzeichen, und legen Sie die Weiterverarbeitung in den abnehmenden Mond, ebenfalls an einem Fruchttag.

Ernten, Einkaufen und Lagern
Obst- und Safttage

Das Symbol gibt die günstigen Tage für Ernten und Lagerhaltung an wie auch günstige *Einkaufs-* und *Lagerzeitpunkte*, etwa für das Transportieren und Lagern von Getreide und Kartoffeln (Großfamilien!). Grundsätzlich verderben Lebensmittel bei zunehmendem Mond geerntet oder gelagert schneller, besonders im Sommer bei Gewittern (u. a. wird Milch sauer). Für das Haltbarmachen kleiner Obst- und Gemüsevorräte eignet sich die kleine Holzpyramide aus unserem Versand sehr gut – die natürlichste Form der Konservierung.

Gleichzeitig sind alle Tage mit diesem Symbol (schwarz) sehr gut geeignet, um wenigstens an einem der zwei oder drei Tage eine entlastende *Obst- oder Saftkur* einzulegen. Ein hellgrau gedrucktes Apfel-Symbol bedeutet jedoch *nicht*, dass Ihnen ein Obst- oder Fastentag jetzt schaden würde! Es zeigt nur an, dass sich dieser Tag sehr schlecht als Ernte-, Lager- oder Vorratseinkaufstag eignet.

Fensterputzen

Sie wünschen »streifenfreien Glanz« auf den Augen Ihres Heims? Wenn Sie fürs Fensterputzen die Tage mit diesem Symbol wählen, lernen Sie vielleicht sogar diese Arbeit lieben. Alles geht müheloser, und als Reinigungsmittel genügt Wasser mit einem Schuss Spiritus. Ähnlich wie beim Blumengießen zum richtigen Zeitpunkt wird der Erfolg nach einiger Zeit sichtbar und fühlbar. Wenn Sie allerdings an einer verkehrsreichen Straße eine Ladenfront zu putzen haben, dann müssen Sie natürlich öfter reinigen als angegeben.

Gesichtspackung

An diesen Tagen zieht eine Gesichtspackung besonders gut ein, die Haut nimmt optimal auf, was man ihr zuführt. Wenn Sie noch nie Gesichtspackungen angewendet haben, eignen sich diese Tage besonders gut für den Start.

Haareschneiden und -waschen

An diesen Tagen ist Haareschneiden und Haarewaschen besonders günstig. Bei Löwe und Jungfrau im zunehmenden Mond geschnitten, wachsen die Haare schneller, im abnehmenden Mond geschnitten, wachsen sie langsamer und dichter. Übrigens: Wenn Sie sich *täglich* die Haare waschen, sollten Sie zumindest an einem der Fischetage darauf verzichten.

Holzschlagen

Die besten Holzschlagetage sind bei Weitem nicht vollständig angegeben, genauere Angaben zu diesem Spezialgebiet finden Sie in unseren Büchern. Nicht vergessen: Alle Holzregeln sind nur gültig, wenn das Holz natürlich trocknet und lagert!

Jäten und Unkrautauszupfen

Damit ist immer das Entfernen des Unkrauts *mitsamt der Wurzel* gemeint. Nur Abschneiden oder Mähen genügt nicht, um sich die Kräfte dieser Tage zunutze zu machen.

Malerarbeiten

Wer schon mit Farben und Lacken in Haushalt oder Beruf gearbeitet hat, wird sicher die Erfahrung gemacht haben, dass die Farbe manchmal nach kurzer Zeit bricht, sich ablöst oder schlecht trocknet. Daran ist nicht immer das Material, die Technik oder die Witterung schuld. Zum richtigen Zeitpunkt verarbeitet, hält die Farbe lange, sie splittert nicht ab und ist witterungsbeständiger. Auch giftige Ausgasungen sind dann nicht so stark. Natürlich sind trotzdem alle üblichen Vorbereitungsmaßnahmen – Schleifen, Spachteln, Grundieren usw. – notwendig, auch wenn Sie auf den richtigen Zeitpunkt achten.

Nagelpflege

Dass freitags nach Sonnenuntergang die Nagelpflege die besten Resultate bringt, ist eine alte Überlieferung, die nicht im Zusammenhang mit dem Mondrhythmus steht. Sie beweist sich durch Ihre persönliche Erfahrung. Wir können nur empfehlen, es auszuprobieren. Es lohnt sich, wie viele unserer LeserInnen uns bestätigt haben! Vielleicht sind Nagelprobleme auch deshalb so verbreitet, weil Nägel häufig am ungünstigsten Zeitpunkt gepflegt werden, nämlich an Samstagen.

Obstbaumschnitt

Der richtige Zeitpunkt für den Obstbaumschnitt richtet sich nach den örtlichen klimatischen Verhältnissen. Am besten fragen Sie beim nächstgelegenen Gartenbauverein nach, welche Jahreszeit sich in Ihrer Region am besten eignet, und wählen Sie dann einen guten Tag im angegebenen Zeitraum. Ein Tipp: Schneiden Sie alle Äste weg, die zur Baummitte hin wachsen. Sie kosten den Baum unnötig viel Kraft.

Problemwäsche

Generell eignet sich der abnehmende Mond besser zum Wäschewaschen als der zunehmende. Fast immer kommen Sie dann mit der Hälfte der empfohlenen Waschmittelmenge aus (deshalb niemals nur Waschmitteltabs kaufen!). Problemwäsche und -flecken können Sie an Tagen mit diesem Symbol besonders erfolgreich sauber bekommen, die Fasern werden geschont, das Waschmittel lässt sich restlos ausspülen (wichtig für Allergiker!). Wenn Sie dieses Symbol hellgrau gedrückt finden, ist *jede* Form des Waschens ungünstig.

Umtopfen und Umsetzen

Hier geht es um das Umsetzen und Umtopfen aller Pflanzenarten, besonders auch das Umtopfen von Zimmer- und Balkonpflanzen, das an diesen Tagen besonders gut gelingt. An heißen Tagen sollte das Umtopfen allerdings erst abends erfolgen, damit die Pflanzen besser mit der Hitze fertigwerden. *Nicht gemeint* ist hier das Setzen, Umsetzen und Umtopfen von Gemüsepflanzen.

»Mondkur« – Abnehmen und Körperpflege

Dieses Symbol taucht zu Neumond und Vollmond im Kalender auf. Es wäre an diesen Tagen sehr sinnvoll, weniger als sonst zu essen oder gar richtig zu fasten und besonders viel zu trinken. An Neumond entgiftet der Körper besonders gut, während er bei Vollmond alles besser speichert, auch Unerwünschtes.

Zum einfachen Nachschlagen und Auffinden der Symbole finden Sie eine tabellarische Zusammenfassung mit Kurzbezeichnungen auf Seite 22.

Ein Überblick über die Tabellen im Kalender

Grundtabelle

Die Grundtabelle ist ein wichtiges Handwerkszeug und gibt einen Überblick über die unterschiedlichen Wirkungsimpulse der einzelnen Tierkreiszeichen – auf Körperzonen, Pflanzenteile, Nahrungsqualität etc. Zur Entschlüsselung dieser Impulse eignen sich unsere Bücher *Aus eigener Kraft* und *Der lebendige Garten.*

Aderlasstabelle

Anhand der Aderlasstabelle können Sie die günstigen und ungünstigen Tage für den Aderlass bestimmen. An manchen Tagen sollte man generell auf einen Aderlass verzichten, gleichgültig, zu welchem Ergebnis die Auszählung kommt. Diese »Schwend«-Tage spielen auch in Landwirtschaft und Gartenbau eine Rolle und sind im Kalender eigens angegeben. Bevor Sie diese wertvolle Heilmethode anwenden lassen, empfehlen wir Ihnen dringend, das Kapitel über den Aderlass zu lesen (*Aus eigener Kraft*). Hier nur so viel: Der Aderlass sollte generell nicht öfter als alle zwei Jahre vorgenommen werden!

Alpha-/Omega-Identifikationsquiz

Diese Fragenliste kann den Weg weisen zur wichtigsten Säule für gute Gesundheit bis ins hohe Alter. Die ausführliche Erklärung finden Sie u. a. in unserem Buch *Moon Power*. Auf unserer Website bieten wir die Möglichkeit an, Ihren persönlichen Ernährungstyp für Sie zu ermitteln.

Die Mondkur – gesunde Ernährung im Rhythmus des Mondes

Die Tabelle für die gesunde Ernährung. Die Mondkur im Tabellenformat.

Grundtabelle

Tierkreis-zeichen	*Symbol*	*Körperzone*	*Organ-system*	*Element*	*Nahrungs-qualität*	*im abnehm. Mond*	*im zunehm. Mond*
Widder		Kopf, Gehirn, Augen, Nase	Sinnes-organe	Feuer	Eiweiß/Frucht	April – Oktober	Oktober – April
Stier		Kehlkopf, Schild-drüse, Zähne, Kiefer, Mandeln, Ohren	Blutkreis-lauf	Erde	Salz	Mai – November	November – Mai
Zwillinge		Schultern, Arme, Hände (Lunge)	Drüsen-system	Luft	Fett	Juni – Dezember	Dezember – Juni
Krebs		Brust, Lunge, Ma-gen, Leber, Galle	Nerven-system	Wasser	Kohlen-hydrate	Juli – Januar	Januar – Juli
Löwe		Herz, Rücken, Zwerchfell, Blut-kreislauf, Schlagader	Sinnes-organe	Feuer	Eiweiß/Frucht	August – Februar	Februar – August
Jungfrau		Verdauungsorgane, Nerven, Milz, Bauchspeicheldrüse	Blutkreis-lauf	Erde	Salz	September – März	März – September
Waage		Hüfte, Nieren, Blase	Drüsen-system	Luft	Fett	Oktober – April	April – Oktober
Skorpion		Geschlechtsorgane, Harnleiter	Nerven-system	Wasser	Kohlen-hydrate	November – Mai	Mai – November
Schütze		Oberschenkel, Venen	Sinnes-organe	Feuer	Eiweiß/Frucht	Dezember – Juni	Juni – Dezember
Steinbock		Knie, Knochen, Gelenke, Haut	Blutkreis-lauf	Erde	Salz	Januar – Juli	Juli – Januar
Wasser-mann		Unterschenkel, Venen	Drüsen-system	Luft	Fett	Februar – August	August – Februar
Fische		Füße, Zehen	Nerven-system	Wasser	Kohlen-hydrate	März – September	September – März

Alle Symbole auf einen Blick

Bei jedem Tag im Jahr finden Sie **kräftig** gedruckte Symbole, die Ihnen auf einen Blick sagen, welche Tätigkeit an diesem Tag besonders begünstigt ist. Ist das Symbol hell dargestellt, dann verspricht die jeweilige Tätigkeit an diesem Tag weniger Erfolg als an allen anderen Tagen.

Bauen, Heimwerken, Verbinden

Bäume und Sträucher pflanzen

Baumköpfen/ Intensiver Rückschnitt

Blumengießen

Düngen

Einkochen

Ernten, Einkaufen und Lagern Obst- und Safttage

Fensterputzen

Problemwäsche

Haareschneiden und -waschen

Holzschlagen

Jäten und Unkrautauszupfen

Malerarbeiten

Nagelpflege

Obstbaumschnitt

Umtopfen und Umsetzen

Gesichtspackung

»Mondkur« – Abnehmen und Körperpflege

Aderlasstabelle

Tag	1	schlecht	
Tag	2	schlecht	
Tag	3	schlecht	
Tag	4	sehr schlecht	
Tag	5	schlecht	
Tag	6	gut	(Nierentätigkeit)
Tag	7	schlecht	
Tag	8	schlecht	
Tag	9	schlecht	
Tag	10	schlecht	
Tag	11	gut	(Magersucht)
Tag	12	gut	(für den ganzen Körper)
Tag	13	schlecht	
Tag	14	schlecht	
Tag	15	gut	(Magersucht)
Tag	16	sehr schlecht	
Tag	17	sehr gut	(genau zählen)
Tag	18	gut	(für den ganzen Körper)
Tag	19	schlecht	
Tag	20	schlecht	
Tag	21	gut	(für den ganzen Körper)
Tag	22	sehr gut	
Tag	23	gut	(für das Knochengerüst, bei Multipler Sklerose und Rheuma)
Tag	24	gut	(für die Lunge und bei Asthma)
Tag	25	gut	
Tag	26	gut	(bei hohem Blutdruck, gegen Fieber)
Tag	27	sehr schlecht	
Tag	28	gut	
Tag	29	schlecht	
Tag	30	schlecht	

Alpha-/Omega-Identifikationsquiz: Eine kleine Starthilfe zum Erkennen des Ernährungstyps

Alpha-Typ:

Sie vertragen den täglichen Orangensaft, haben bei Gurken keine Probleme mit Aufstoßen und Karotten sind ein bevorzugtes Gemüse? Lieben Sie größere Mahlzeiten, dafür in größeren Abständen, ohne Snacks zwischendurch? Nach Süßigkeiten und Weizenbrot stellt sich regelmäßig Müdigkeit ein? Bekommen Sie von Kirschen oder Pflaumen einen sauren Magen, vertragen Äpfel besser? Fast immer mit Ja geantwortet, lässt einen Alpha-Typ vermuten.

Omega-Typ:

Sie haben relativ oft Hungergefühle, sind aber dann schon mit Kleinigkeiten wie Frucht, Müslischnitte, Smoothie zufrieden? Große Portionen wirken abschreckend? Süßigkeiten wirken nicht so belastend, wie man erwarten könnte? Weißbrot vertragen Sie gut, bekommen von Roggenbrot eher Magendrücken? Tierisches Fett, Butter usw. kann schon mal eine leichte Übelkeit verursachen? Der tägliche, angeblich so gesunde Apfel kann Sie nicht wirklich begeistern? Viele Ja-Antworten lassen einen Omega-Typ vermuten.

Alle diese Hinweise können zu einer Zuordnung führen. Die Zugehörigkeit zu einem Ernährungstyp besteht lebenslang, auch wenn sich Vorlieben und Geschmacksrichtungen ändern. Ernährungsgewohnheiten können allerdings so stark verankert sein, dass man zu vertragen glaubt, was eigentlich schädlich ist. Auf Seite 217 finden Sie ein Angebot zur Ermittlung Ihres Ernährungstyps.

Die Mondkur – gesunde Ernährung im Rhythmus des Mondes

Regel Nr. 1: Kaufen Sie Ihre Lebensmittel so frisch, so vollwertig und naturbelassen, so liebevoll ausgewählt und zubereitet wie nur möglich.
Regel Nr. 2: Wählen Sie stets jene Lebensmittel, die Ihrem Typ entsprechen. Scheuen Sie aber Ausnahmen nicht. Als Alpha-Typ konzentrieren Sie sich auf drei Mahlzeiten täglich, als Omega-Typ auf fünf Mahlzeiten täglich.
Regel Nr. 3: Essen Sie im Rhythmus des Mondes.

Mondphase	***Grundregel***	***Förderlich***
VOLLMOND ○	Essen Sie schon zwei, drei Tage vorher möglichst wenig und ab 18 Uhr nichts mehr. Fasten Sie am Vollmondtag, wenn es ohne Kreislaufprobleme möglich ist, und trinken Sie an diesem Tag mehr als zwei Liter.	Viel Vollmond-Tee bis etwa 19 Uhr, danach nur noch nach Durstgefühl. Obst-, Saft- oder Fastentage um Vollmond herum.
ABNEHMENDER MOND ☾	Essen Sie wie gewohnt und achten Sie auf die Nahrungsqualität des Tages. Wenn Sie sich wohlfühlen, dann brauchen Sie nicht darauf zu achten: Ihr Gespür ist schon erwacht. Essen Sie nach 17 Uhr nichts mehr.	Abnehmender-Mond-Tee bis etwa 19 Uhr, danach nur nach Durstgefühl. Nach Belieben täglich den ganzen Körper mit Entschlackungsöl »Vom richtigen Zeitpunkt« massieren.
NEUMOND ●	Essen Sie schon zwei, drei Tage vorher möglichst wenig. Fasten Sie am Neumondtag, wenn es ohne Kreislaufprobleme möglich ist, und trinken Sie an diesem Tag mehr als zwei Liter.	Die Teemischung für den Neumond. Obst-, Saft- oder Fastentage um Neumond herum.
ZUNEHMENDER MOND ☽	Essen Sie insgesamt weniger und achten Sie auf die Nahrungsqualität des Tages. Essen Sie nach 18 Uhr nichts mehr. Trinken Sie täglich viel bis etwa 19 Uhr, danach je nach Durstgefühl.	Von der Teemischung für den zunehmenden Mond begleiten lassen, mindestens zwei Liter täglich. Täglich mit Gewebestrafföl »Vom richtigen Zeitpunkt« den ganzen Körper massieren.

Januar 2024				
M	1	♍	Neujahr	1
D	2	♍	Berchtoldstag	
M	3	♍		
D	4	♎	☾	
F	5	♎		
S	6	♏	Hl. Drei Könige	
S	7	♏		
M	8	♐		2
D	9	♐		
M	10	♐		
D	11	♑	● 12.56	
F	12	♑		
S	13	♒		
S	14	♒		
M	15	♓		3
D	16	♓		
M	17	♈		
D	18	♈	☽	
F	19	♉		
S	20	♉		
S	21	♊		
M	22	♊		4
D	23	♋		
M	24	♋		
D	25	♋	○ 18.54	
F	26	♌		
S	27	♌		
S	28	♍		
M	29	♍		5
D	30	♍		
M	31	♎		

Februar 2024				
D	1	♎		
F	2	♏		
S	3	♏	☾	
S	4	♏		
M	5	♐		6
D	6	♐		
M	7	♑		
D	8	♑		
F	9	♒		
S	10	♒	● 00.00	
S	11	♓		
M	12	♓	Rosenmontag	7
D	13	♈	Faschingsdienstag	
M	14	♈	Aschermittwoch	
D	15	♉		
F	16	♉	☽	
S	17	♊		
S	18	♊		
M	19	♊		8
D	20	♋		
M	21	♋		
D	22	♌		
F	23	♌		
S	24	♌	○ 13.30	
S	25	♍		
M	26	♍		9
D	27	♎		
M	28	♎		
D	29	♎		

März 2024				
F	1	♏		
S	2	♏		
S	3	♐	☾	
M	4	♐		10
D	5	♑		
M	6	♑		
D	7	♑		
F	8	♒		
S	9	♒		
S	10	♓	● 09.59	
M	11	♓		11
D	12	♈		
M	13	♈		
D	14	♉		
F	15	♉		
S	16	♊		
S	17	♊	☽	
M	18	♋		12
D	19	♋		
M	20	♌		
D	21	♌		
F	22	♌		
S	23	♍		
S	24	♍		
M	25	♎	○ 07.58	13
D	26	♎		
M	27	♎		
D	28	♏	Gründonnerstag	
F	29	♏	Karfreitag	
S	30	♐		
S	31	♐	Ostersonntag	

= abnehmender Mond

April 2024	Mai 2024	Juni 2024
M 1 ♐ Ostermontag 14	M 1 ♒ ☾ Maifeiertag	S 1 ♓
D 2 ♑ ☾	D 2 ♒	S 2 ♈
M 3 ♑	F 3 ♓	M 3 ♈ 23
D 4 ♒	S 4 ♓	D 4 ♉
F 5 ♒	S 5 ♈	M 5 ♉
S 6 ♓	M 6 ♈ 19	D 6 ♊ ● 13.37
S 7 ♓	D 7 ♉	F 7 ♊
M 8 ♈ ● 19.20 15	M 8 ♉ ● 04.21	S 8 ♋
D 9 ♈	D 9 ♉ Christi Himmelfahrt	S 9 ♋
M 10 ♉	F 10 ♊	M 10 ♌ 24
D 11 ♉	S 11 ♊	D 11 ♌
F 12 ♊	S 12 ♋ Muttertag	M 12 ♌
S 13 ♊	M 13 ♋ 20	D 13 ♍
S 14 ♋	D 14 ♌	F 14 ♍ ☽
M 15 ♋ ☽ 16	M 15 ♌ ☽	S 15 ♎
D 16 ♋	D 16 ♍	S 16 ♎
M 17 ♌	F 17 ♍	M 17 ♎ 25
D 18 ♌	S 18 ♍	D 18 ♏
F 19 ♍	S 19 ♎ Pfingstsonntag	M 19 ♏
S 20 ♍	M 20 ♎ Pfingstmontag 21	D 20 ♐
S 21 ♍	D 21 ♏	F 21 ♐
M 22 ♎ 17	M 22 ♏	S 22 ♐ ○ 02.08
D 23 ♎ Welttag des Buches	D 23 ♏ ○ 14.52	S 23 ♑
M 24 ♏ ○ 00.47	F 24 ♐	M 24 ♑ 26
D 25 ♏	S 25 ♐	D 25 ♒
F 26 ♏	S 26 ♑	M 26 ♒
S 27 ♐	M 27 ♑ 22	D 27 ♓
S 28 ♐	D 28 ♒	F 28 ♓ ☾
M 29 ♑ 18	M 29 ♒	S 29 ♈
D 30 ♑	D 30 ♒ ☾ Fronleichnam	S 30 ♈
	F 31 ♓	

Sommerzeit nicht berücksichtigt

Juli 2024		August 2024		September 2024	
M 1 ♉	27	D 1 ♊ Schweizer Nationalfeiertag		S 1 ♌	
D 2 ♉		F 2 ♋		M 2 ♌	36
M 3 ♊		S 3 ♋		D 3 ♍ ● 02.55	
D 4 ♊		S 4 ♌ ● 12.12		M 4 ♍	
F 5 ♋ ● 23.56		M 5 ♌	32	D 5 ♎	
S 6 ♋		D 6 ♍		F 6 ♎	
S 7 ♋		M 7 ♍		S 7 ♎	
M 8 ♌	28	D 8 ♍		S 8 ♏	
D 9 ♌		F 9 ♎		M 9 ♏	37
M 10 ♍		S 10 ♎		D 10 ♐	
D 11 ♍		S 11 ♏		M 11 ♐ ☽	
F 12 ♍		M 12 ♏ ☽	33	D 12 ♐	
S 13 ♎ ☽		D 13 ♏		F 13 ♑	
S 14 ♎		M 14 ♐		S 14 ♑	
M 15 ♏	29	D 15 ♐ Mariä Himmelfahrt		S 15 ♒	
D 16 ♏		F 16 ♑		M 16 ♒	38
M 17 ♏		S 17 ♑		D 17 ♓	
D 18 ♐		S 18 ♒		M 18 ♓ ○ 03.33	
F 19 ♐		M 19 ♒ ○ 19.24	34	D 19 ♈	
S 20 ♑		D 20 ♓		F 20 ♈	
S 21 ♑ ○ 11.16		M 21 ♓		S 21 ♉	
M 22 ♒	30	D 22 ♓		S 22 ♉	
D 23 ♒		F 23 ♈		M 23 ♊	39
M 24 ♓		S 24 ♈		D 24 ♊ ☾	
D 25 ♓		S 25 ♉		M 25 ♋	
F 26 ♈		M 26 ♉ ☾	35	D 26 ♋	
S 27 ♈		D 27 ♊		F 27 ♌	
S 28 ♉ ☾		M 28 ♊		S 28 ♌	
M 29 ♉	31	D 29 ♋		S 29 ♌	
D 30 ♊		F 30 ♋		M 30 ♍	40
M 31 ♊		S 31 ♌			

= abnehmender Mond

Oktober 2024				November 2024				Dezember 2024			
D	1			F	1	● 13.46 Allerheiligen		S	1	● 07.20 1. Advent	
M	2	● 19.49		S	2			M	2		49
D	3	Tag der Dt. Einheit		S	3			D	3		
F	4			M	4		45	M	4		
S	5			D	5			D	5		
S	6			M	6			F	6		
M	7		41	D	7			S	7		
D	8			F	8			S	8	☽ Mariä Empf./2. Advent	
M	9			S	9	☽		M	9		50
D	10	☽		S	10			D	10		
F	11			M	11		46	M	11		
S	12			D	12			D	12		
S	13			M	13			F	13		
M	14		42	D	14			S	14		
D	15			F	15	○ 22.29		S	15	○ 10.00 3. Advent	
M	16			S	16			M	16		51
D	17	○ 12.26		S	17			D	17		
F	18			M	18		47	M	18		
S	19			D	19			D	19		
S	20			M	20	Buß- und Bettag		F	20		
M	21		43	D	21			S	21		
D	22			F	22			S	22	☾ 4. Advent	
M	23			S	23	☾		M	23		52
D	24	☾		S	24			D	24	Heiliger Abend	
F	25			M	25		48	M	25	1. Weihnachtsfeiertag	
S	26	Österr. Nationalfeiertag		D	26			D	26	2. Weihnachtsfeiertag	
S	27			M	27			F	27		
M	28		44	D	28			S	28		
D	29			F	29			S	29		
M	30			S	30			M	30	● 23.26	1
D	31	Reformationstag						D	31	Silvester	

Sommerzeit nicht berücksichtigt

Januar 2025		Februar 2025		März 2025	
M 1 ♑ Neujahr	1	S 1 ♓		S 1 ♓	
D 2 ♒ Berchtoldstag		S 2 ♓		S 2 ♈	
F 3 ♒		M 3 ♈	6	M 3 ♈ Rosenmontag	10
S 4 ♓		D 4 ♈		D 4 ♉ Faschingsdienstag	
S 5 ♓		M 5 ♉ ☽		M 5 ♉ Aschermittwoch	
M 6 ♈ Hl. Drei Könige	2	D 6 ♉		D 6 ♊ ☽	
D 7 ♈ ☽		F 7 ♊		F 7 ♊	
M 8 ♉		S 8 ♊		S 8 ♋	
D 9 ♉		S 9 ♋		S 9 ♋	
F 10 ♉		M 10 ♋	7	M 10 ♌	11
S 11 ♊		D 11 ♌		D 11 ♌	
S 12 ♊		M 12 ♌ ○ 14.52		M 12 ♌	
M 13 ♋ ○ 23.24	3	D 13 ♌		D 13 ♍	
D 14 ♋		F 14 ♍		F 14 ♍ ○ 07.55	
M 15 ♌		S 15 ♍		S 15 ♎	
D 16 ♌		S 16 ♎		S 16 ♎	
F 17 ♍		M 17 ♎	8	M 17 ♎	12
S 18 ♍		D 18 ♎		D 18 ♏	
S 19 ♍		M 19 ♏		M 19 ♏	
M 20 ♎	4	D 20 ♏ ☾		D 20 ♐	
D 21 ♎ ☾		F 21 ♐		F 21 ♐	
M 22 ♏		S 22 ♐		S 22 ♐ ☾	
D 23 ♏		S 23 ♐		S 23 ♑	
F 24 ♏		M 24 ♑	9	M 24 ♑	13
S 25 ♐		D 25 ♑		D 25 ♒	
S 26 ♐		M 26 ♒		M 26 ♒	
M 27 ♑	5	D 27 ♒		D 27 ♓	
D 28 ♑		F 28 ♓ ● 01.44		F 28 ♓	
M 29 ♒ ● 13.35				S 29 ♈ ● 11.57	
D 30 ♒				S 30 ♈	
F 31 ♓				M 31 ♉	14

= abnehmender Mond

April 2025				Mai 2025				Juni 2025			
D	1	♉		D	1	♊ Maifeiertag		S	1	♌	
M	2	♊		F	2	♋		M	2	♌	23
D	3	♊		S	3	♋		D	3	♍ ☽	
F	4	♋		S	4	♌ ☽		M	4	♍	
S	5	♋ ☽		M	5	♌	19	D	5	♎	
S	6	♋		D	6	♍		F	6	♎	
M	7	♌	15	M	7	♍		S	7	♎	
D	8	♌		D	8	♍		S	8	♏ Pfingstsonntag	
M	9	♍		F	9	♎		M	9	♏ Pfingstmontag	24
D	10	♍		S	10	♎		D	10	♐	
F	11	♍		S	11	♏ Muttertag		M	11	♐ ○ 08.42	
S	12	♎		M	12	♏ ○ 17.54	20	D	12	♐	
S	13	♎ ○ 01.22		D	13	♏		F	13	♑	
M	14	♏	16	M	14	♐		S	14	♑	
D	15	♏		D	15	♐		S	15	♒	
M	16	♏		F	16	♑		M	16	♒	25
D	17	♐ Gründonnerstag		S	17	♑		D	17	♓	
F	18	♐ Karfreitag		S	18	♑		M	18	♓ ☾	
S	19	♑		M	19	♒	21	D	19	♓ Fronleichnam	
S	20	♑ Ostersonntag		D	20	♒ ☾		F	20	♈	
M	21	♑ ☾ Ostermontag	17	M	21	♓		S	21	♈	
D	22	♒ Welttag des Buches		D	22	♓		S	22	♉	
M	23	♒		F	23	♈		M	23	♉	26
D	24	♓		S	24	♈		D	24	♊	
F	25	♓		S	25	♉		M	25	♊ ● 11.31	
S	26	♈		M	26	♉	22	D	26	♋	
S	27	♈ ● 20.30		D	27	♊ ● 04.01		F	27	♋	
M	28	♉	18	M	28	♊		S	28	♌	
D	29	♉		D	29	♋ Christi Himmelfahrt		S	29	♌	
M	30	♊		F	30	♋		M	30	♍	27
				S	31	♌					

Sommerzeit nicht berücksichtigt

Juli 2025	August 2025	September 2025
D 1	F 1 ☽ Schweizer Nationalfeiertag	M 1 36
M 2 ☽	S 2	D 2
D 3	S 3	M 3
F 4	M 4 32	D 4
S 5	D 5	F 5
S 6	M 6	S 6
M 7 28	D 7	S 7 ○ 19.08
D 8	F 8	M 8 37
M 9	S 9 ○ 08.55	D 9
D 10 ○ 21.36	S 10	M 10
F 11	M 11 33	D 11
S 12	D 12	F 12
S 13	M 13	S 13
M 14 29	D 14	S 14 ☾
D 15	F 15 Mariä Himmelfahrt	M 15 38
M 16	S 16 ☾	D 16
D 17	S 17	M 17
F 18 ☾	M 18 34	D 18
S 19	D 19	F 19
S 20	M 20	S 20
M 21 30	D 21	S 21 ● 20.53
D 22	F 22	M 22 39
M 23	S 23 ● 07.06	D 23
D 24 ● 20.10	S 24	M 24
F 25	M 25 35	D 25
S 26	D 26	F 26
S 27	M 27	S 27
M 28 31	D 28	S 28
D 29	F 29	M 29 40
M 30	S 30	D 30 ☽
D 31	S 31 ☽	

= abnehmender Mond

Oktober 2025			November 2025			Dezember 2025		
M 1			S 1	Allerheiligen		M 1		49
D 2			S 2			D 2		
F 3	Tag der Dt. Einheit		M 3		45	M 3		
S 4			D 4			D 4		
S 5			M 5	○ 14.18		F 5	○ 00.14	
M 6		41	D 6			S 6		
D 7	○ 04.45		F 7			S 7	2. Advent	
M 8			S 8			M 8		50
D 9			S 9			D 9		
F 10			M 10		46	M 10		
S 11			D 11			D 11	☾	
S 12			M 12	☾		F 12		
M 13	☾	42	D 13			S 13		
D 14			F 14			S 14	3. Advent	
M 15			S 15			M 15		51
D 16			S 16			D 16		
F 17			M 17		47	M 17		
S 18			D 18			D 18		
S 19			M 19	Buß- und Bettag		F 19		
M 20		43	D 20	● 07.46		S 20	● 02.42	
D 21	● 13.24		F 21			S 21	4. Advent	
M 22			S 22			M 22		52
D 23			S 23			D 23		
F 24			M 24		48	M 24	Heiliger Abend	
S 25			D 25			D 25	1. Weihnachtsfeiertag	
S 26	Österr. Nationalfeiertag		M 26			F 26	2. Weihnachtsfeiertag	
M 27		44	D 27			S 27	☽	
D 28			F 28	☽		S 28		
M 29	☽		S 29			M 29		1
D 30			S 30	1. Advent		D 30		
F 31	Reformationstag					M 31	Silvester	

Sommerzeit nicht berücksichtigt

Montag

1

JANUAR

Neujahr

Element:
Erde
Tagesqualität:
Kälte
Nahrungsqualität:
Salz
Pflanzenteil:
Wurzel
Körperzone:
Verdauungsorgane
Organsystem:
Kreislauf

Jungfrau
abnehmender Mond

Auch für das Jahr 2024 wünschen wir Ihnen wieder alles Liebe und Gute!

Liebe Leserinnen und Leser,
wir danken Ihnen für Ihre Treue
und hoffen, dass wir noch lange
mit unserer Arbeit für Sie da sein können.

Johanna Paungger-Poppe & Thomas Poppe

Dienstag

2

JANUAR

Berchtoldstag

Sparen mit dem Mondkalender – so heißt eines der wichtigsten Themen, mit denen wir Sie 2024 durchs Jahr begleiten wollen. Wir alle haben uns ja in den letzten Jahren von vielen lieb gewordenen Gewohnheiten, scheinbaren Gewissheiten und »Selbstverständlichkeiten« verabschieden müssen. Dieses Jahr wollen wir Ihnen noch deutlicher machen, in welch unglaublich vielfältiger Weise ein Leben in Harmonie mit Natur- und Mondrhythmen sparen helfen kann – Zeit, Geld, Wasser, Energie, Naturressourcen und bei Weitem nicht zuletzt Nervenkraft. Genau genommen ist der sorgsame Umgang mit Mensch und Natur des Mondkalenders eigentliche Aufgabe. Beginnen wir gleich morgen damit.

Jungfrau
abnehmender Mond

Element:
Erde
Tagesqualität:
Kälte
Nahrungsqualität:
Salz
Pflanzenteil:
Wurzel
Körperzone:
Verdauungsorgane
Organsystem:
Kreislauf

Mittwoch

3

JANUAR

Element:
Erde
Tagesqualität:
Kälte
Nahrungsqualität:
Salz
Pflanzenteil:
Wurzel
Körperzone:
Verdauungsorgane
Organsystem:
Kreislauf

Sparen mit dem Mondkalender – Zahnarztbesuche. Günstig bei abnehmendem Mond, dabei Widder und Stier meiden. Wenn Sie den richtigen Zeitpunkt einhalten, können Sie beim Zahnziehen mit einer geringeren Blutungsneigung rechnen, mit einem schnelleren Heilungsverlauf und einem geringeren Risiko für Komplikationen. Auch das Ziehen von Weisheitszähnen verursacht viel weniger Probleme. Wunden von Implantaten, die zum richtigen Zeitpunkt eingesetzt wurden, heilen besser, die Implantate halten länger. Dasselbe gilt für Plomben, Kronen und Brücken. Sie sparen Geld, Zeit und Nervenkraft. (*Siehe auch am 8. Januar und am 13. Januar*)

Jungfrau
abnehmender Mond

Donnerstag

4

JANUAR

Ihr persönlicher Mini-Merkurkalender 2024
Die Zeiten für den rückläufigen Merkur
im Jahr 2024:

1. bis 25. April
5. bis 28. August
26. November bis 15. Dezember

Unser Tipp: In den genannten Zeiten möglichst nichts Neues beginnen, sondern Altes loslassen. Auch Vertragsabschlüsse gestalten sich im Verlauf manchmal problematisch. Stattdessen Altes und Überholtes angehen und zu Ende bringen!

Element:
Luft
Tagesqualität:
Licht
Nahrungsqualität:
Fett
Pflanzenteil:
Blüte
Körperzone:
Hüfte, Nieren, Blase
Organsystem:
Drüsensystem

Waage
abnehmender Mond

Freitag

5

JANUAR

Element:
Luft
Tagesqualität:
Licht
Nahrungsqualität:
Fett
Pflanzenteil:
Blüte
Körperzone:
Hüfte, Nieren, Blase
Organsystem:
Drüsensystem

Waage
abnehmender Mond

Ihr persönlicher Mini-Mondkalender 2024
Eingriffe und Operationen
sind 2024 generell günstig:

vom 1.1. bis 10.1.
vom 26.1. bis 9.2.
vom 25.2. bis 9.3.
vom 26.3. bis 8.4.
vom 24.4. bis 7.5.
vom 24.5. bis 5.6.
vom 22.6. bis 5.7.
vom 22.7. bis 3.8.
vom 20.8. bis 2.9.
vom 18.9. bis 2.10.
vom 18.10. bis 31.10.
vom 16.11. bis 30.11.
vom 16.12. bis 30.12.

Wichtig: Bitte jedoch jene Tierkreiszeichen meiden, die die Körperregion regieren, an der operiert wird! Also beispielsweise keine Kopfoperation an Widder, keine neue Hüfte an Waage usw.

Samstag

6

JANUAR
Hl. Drei Könige

Einfach zum Nachdenken

O Herr, wenn ich mich aus Angst
vor der Hölle an Dich wende,
wirf mich hinein.
Wenn ich mich an Dich wende
in der Hoffnung auf das Paradies,
verschließe es vor mir.
Wenn ich aber aus Liebe zu Dir komme,
entziehe mir nicht Deine göttliche Schönheit.

Rabia, 718–801 n. Chr.

Element:
Wasser
Tagesqualität:
Feuchte
Nahrungsqualität:
Kohlenhydrate
Pflanzenteil:
Blatt
Körperzone:
Geschlechtsorgane
Organsystem:
Nervensystem

Skorpion
abnehmender Mond

Element:
Wasser
Tagesqualität:
Feuchte
Nahrungsqualität:
Kohlenhydrate
Pflanzenteil:
Blatt
Körperzone:
Geschlechtsorgane
Organsystem:
Nervensystem

Sonntag

7

JANUAR

Skorpion
abnehmender Mond

***Einfach zum Nachdenken* – zum Thema »Wie man Rassismus auslöschen kann«**

Während unserer acht Jahre USA-Aufenthalt gingen unsere Kinder in normale amerikanische Highschools. Nachdem ein Schultag dort in der Regel bis 15 Uhr dauert, bekommen die Kinder während der Mittagspause eine Mahlzeit – worauf unsere Tochter Martina meist verzichtete, weil es sie müde machte. Ihre Lieblingssnacks von zu Hause aß sie immer am Tisch der schwarzen Kinder, wo sie ihre Ruhe hatte. Eines Tages fragte eine weiße Mitschülerin: »Warum sitzt du eigentlich immer bei den Blackies?« Martina antwortete: »Die sind *schwarz*?«

Ihr persönlicher Mini-Mondkalender 2024
Zahnziehen und Kieferoperationen
sind 2024 zu diesen Zeiten begünstigt:

vom 1.1. bis 10.1.	vom 22.7. bis 25.7.
vom 26.1. bis 9.2.	vom 30.7. bis 3.8.
vom 25.2. bis 9.3.	vom 20.8. bis 21.8.
vom 26.3. bis 7.4.	vom 27.8. bis 2.9.
vom 24.4. bis 4.5.	vom 23.9. bis 2.10.
vom 24.5. bis 1.6.	vom 20.10. bis 31.10.
vom 22.6. bis 28.6.	vom 17.11. bis 30.11.
vom 3.7. bis 5.7.	vom 16.12. bis 30.12.

(Lesen Sie auch morgen)

Montag

8

JANUAR

Element:
Feuer
Tagesqualität:
Wärme
Nahrungsqualität:
Eiweiß, Frucht
Pflanzenteil:
Frucht
Körperzone:
Oberschenkel, Venen
Organsystem:
Sinnesorgane

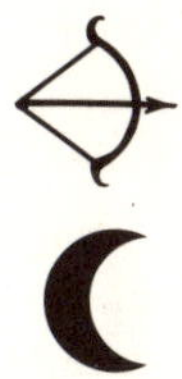

Schütze
abnehmender Mond

Dienstag

9

JANUAR

Element:
Feuer
Tagesqualität:
Wärme
Nahrungsqualität:
Eiweiß, Frucht
Pflanzenteil:
Frucht
Körperzone:
Oberschenkel, Venen
Organsystem:
Sinnesorgane

Schütze
abnehmender Mond

Gesund bleiben, gesund werden. Was bewirkt eigentlich die Wahl des richtigen Zeitpunkts beim Zahnziehen und für Kieferoperationen? Wenn Sie den richtigen Zeitpunkt bei abnehmendem Mond einhalten: geringere Blutungsneigung und geringere Narbenbildung, schnellerer Heilungsverlauf, geringere Gefahr von Komplikationen. Speziell Weisheitszähne machen zum richtigen Zeitpunkt bei abnehmendem Mond gezogen weniger Probleme. Wenn Ihr Termin problemlos flexibel festgesetzt werden kann, gehen Sie nicht an Widder und Stier, weil Zahnziehen an diesen Tagen den Heilungsprozess verlängern könnte.

Mittwoch

10

JANUAR

Sparen mit dem Mondkalender – Fasten zum richtigen Zeitpunkt. Günstig generell drei Tage vor Neumond und drei Tage vor Vollmond sowie an allen Jungfrautagen. Wenn Sie den richtigen Zeitpunkt einhalten, fällt das Fasten leicht. Vor allen Dingen stellt sich das gute Gefühl der Schwerelosigkeit und des Kraftgewinns so schneller ein. An Vollmond entgiftet man nicht spontan, dafür setzt der Körper auch nichts an, wenn man fastet. An Neumond entgiftet der Körper vor allem alte, schon »festsitzende« Gifte und Fette. Sie sparen Nervenkraft und Zeit.

Schütze
abnehmender Mond

Element:
Feuer
Tagesqualität:
Wärme
Nahrungsqualität:
Eiweiß, Frucht
Pflanzenteil:
Frucht
Körperzone:
Oberschenkel, Venen
Organsystem:
Sinnesorgane

Donnerstag

11

JANUAR

Element:
Erde
Tagesqualität:
Kälte
Nahrungsqualität:
Salz
Pflanzenteil:
Wurzel
Körperzone:
Knie, Knochen, Haut
Organsystem:
Kreislauf

12.56

Steinbock
Neumond

Der besondere Tipp. In unserem Buch »Das Tiroler Zahlenrad« machen wir Sie mit der besonderen Kraft der Zahlen Ihres Geburtsdatums, aber auch des aktuellen Datums bekannt. Wenn Sie oft gute Ideen haben, aber niemand zuhört, dann versuchen Sie es heute! Sie werden Eindruck hinterlassen. Der Tag kann allerdings auch viel Ungeduld bringen, wenn es mit der Planung hapert. Meiden Sie heute die Farben Schwarz und Blau in der Kleidung, weil sie die Kräfte dieses Tages eventuell ins Extrem umschlagen lassen. Ideal wäre es heute, Weiß, Gelb und Grün in der Kleidung aufblitzen zu lassen.

Freitag

12

JANUAR

Gesund bleiben, gesund werden. Ein guter Tag, um die Folgen der Feiertage in den Griff zu bekommen: Steinbocktage sind ideal, um mit einem Safttag das Blut zu regenerieren! Als Faustregel gilt: Alle roten Früchte und deren Säfte kräftigen das Blut – Rote Bete, roter Johannisbeersaft, roter Traubensaft usw. Wenn Sie Ihrem Körper an Steinbock sonst noch etwas Gutes tun wollen, sollten Sie wieder einmal die Kniekehlen massieren. Drücken Sie einfach mit flachen Fingern leicht auf die Haut in der Mitte der Kniekehle und massieren Sie kreisförmig das darunterliegende Gewebe. Eine Wohltat!

Element:
Erde
Tagesqualität:
Kälte
Nahrungsqualität:
Salz
Pflanzenteil:
Wurzel
Körperzone:
Knie, Knochen, Haut
Organsystem:
Kreislauf

Steinbock
zunehmender Mond

Samstag

13

JANUAR

Wassermann
zunehmender Mond

Element:
Luft
Tagesqualität:
Licht
Nahrungsqualität:
Fett
Pflanzenteil:
Blüte
Körperzone:
Unterschenkel, Venen
Organsystem:
Drüsensystem

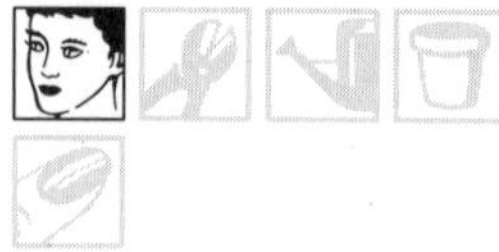

Ihr persönlicher Mini-Mondkalender 2024
Zahnstein entfernen und Mundhygiene
sind im Jahr 2024 günstig:

vom 1.1. bis 10.1.	vom 22.7. bis 25.7.
vom 26.1. bis 9.2.	vom 30.7. bis 3.8.
vom 25.2. bis 9.3.	vom 20.8. bis 21.8.
vom 26.3. bis 7.4.	vom 27.8. bis 2.9.
vom 24.4. bis 4.5.	vom 23.9. bis 2.10.
vom 24.5. bis 1.6.	vom 20.10. bis 31.10.
vom 22.6. bis 28.6.	vom 17.11. bis 30.11.
vom 3.7. bis 5.7.	vom 16.12. bis 30.12.

Bei hartnäckigem Zahnstein wären in den genannten Zeiten die Steinbocktage von Januar bis Juni 2024 besonders günstig!

Sonntag

14

JANUAR

Einfach zum Nachdenken

Lebe mit deinem Jahrhundert,
aber sei nicht sein Geschöpf,
leiste deinen Zeitgenossen,
aber was sie bedürfen,
nicht was sie loben.

Friedrich Schiller

Wassermann
zunehmender Mond

Element:
Luft
Tagesqualität:
Licht
Nahrungsqualität:
Fett
Pflanzenteil:
Blüte
Körperzone:
Unterschenkel, Venen
Organsystem:
Drüsensystem

Element:
Wasser
Tagesqualität:
Feuchte
Nahrungsqualität:
Kohlenhydrate
Pflanzenteil:
Blatt
Körperzone:
Füße, Zehen
Organsystem:
Nervensystem

Montag

15

JANUAR

Fische
zunehmender Mond

Vom Tagesrhythmus der Organe. Bergsteiger und Tourengeher wissen, dass sie der Start um 3 Uhr früh viel besser in Schwung bringt, als wenn sie »ausgeschlafen« um 5 Uhr morgens starten würden. Die Hoch-Zeit der Lunge währt nämlich von 3 Uhr bis 5 Uhr früh. Der gute Start lässt sie den Kräfteabfall nach 5 Uhr früh viel besser überbrücken – man hat sich »eingelaufen«. Raucher kennen den Hustenreiz am Morgen, die Lunge hat eben in der Nacht ganze Arbeit geleistet, um mit den Flimmerhärchen auf ihren Innenflächen nach außen zu schaufeln, was nicht hineingehört.

Dienstag

16

JANUAR

Gesund bleiben, gesund werden. Ein Tipp speziell für die Fische-Energie: Regelmäßig zur Vorbeugung oder immer, wenn Sie gerade daran denken, sollten Sie in den Schuhen die Zehen so aufstellen, als ob Sie etwas mit ihnen greifen wollten. Das übt einen starken, manchmal etwas schmerzhaften und massierenden Druck auf bestimmte Punkte auf den Zehenspitzen aus. Dieser Druck wiederum regt Energiebahnen im Körper an, was generell vorbeugend und kräftigend wirkt. Ganz besonders erfolgreich können Sie damit Erkältungen vorbeugen oder positiv beeinflussen. Auch Allergien bessern sich durch solche Zehenübungen.

Element:
Wasser
Tagesqualität:
Feuchte
Nahrungsqualität:
Kohlenhydrate
Pflanzenteil:
Blatt
Körperzone:
Füße, Zehen
Organsystem:
Nervensystem

Fische
zunehmender Mond

Mittwoch

17

JANUAR

Element:
Feuer
Tagesqualität:
Wärme
Nahrungsqualität:
Eiweiß, Frucht
Pflanzenteil:
Frucht
Körperzone:
Kopfbereich bis Oberkiefer
Organsystem:
Sinnesorgane

Widder
zunehmender Mond

Ihr persönlicher Mini-Mondkalender 2024
Problemwäsche waschen
ist im Jahr 2024 generell günstig:

vom 1.1. bis 10.1.	vom 22.7. bis 3.8.
vom 26.1. bis 9.2.	vom 20.8. bis 2.9.
vom 25.2. bis 9.3.	vom 18.9. bis 2.10.
vom 26.3. bis 8.4.	vom 18.10. bis 31.10.
vom 24.4. bis 7.5.	vom 16.11. bis 30.11.
vom 24.5. bis 5.6.	vom 16.12. bis 30.12.
vom 22.6. bis 5.7.	

Sehr günstig sind in den genannten Zeiten die Wassertage (Krebs, Skorpion, Fische)!

Donnerstag

18

JANUAR

Anekdoten zum Nachdenken. Madame de Sévigné (1626–1696), für ihre langen Briefe und deren hervorragenden Stil bekannt, schloss einmal einen fünfseitigen Brief an ihre Tochter mit den Zeilen: »Ich bitte Dich, mein langes Schreiben zu entschuldigen. Stünde mir mehr Zeit zur Verfügung, dann hätte ich mich kürzer gefasst.«

Widder
zunehmender Mond

Element:
Feuer
Tagesqualität:
Wärme
Nahrungsqualität:
Eiweiß, Frucht
Pflanzenteil:
Frucht
Körperzone:
Kopfbereich bis Oberkiefer
Organsystem:
Sinnesorgane

Element:
Erde
Tagesqualität:
Kälte
Nahrungsqualität:
Salz
Pflanzenteil:
Wurzel
Körperzone:
Unterkiefer, Halsregion
Organsystem:
Kreislauf

Freitag

19

JANUAR

»Espresso mit dem Teufel« – das neue Buch von Thomas Poppe! Viele Menschen haben das Gefühl, mit ihren Gedanken und Gefühlen ganz allein auf der Welt zu sein, weil niemand in der Nähe ist, der zuhören will, geschweige denn sie verstehen. Oder der die Gefühle auch kennt und teilt. Thomas hat dieses Buch auch deshalb geschrieben, um solchen Menschen nahezubringen, dass sie nicht allein sind. Ein Buch, das von Anfang bis Ende Mut macht, die andressierten und selbst auferlegten Denk- und Fühltabus zu durchbrechen. (Irisiana-Verlag, Leseprobe auf unserer Website www.paungger-poppe.com oder auf YouTube: https://youtu.be/6vVm6v8N23E)

Stier
zunehmender Mond

Samstag

20

JANUAR

Humor ist gute Medizin. Während einer Vortragsreise setzte sich Albert Einsteins Fahrer immer in den Vortragsraum. Nach einer gewissen Zeit meinte er zu Einstein, dass er die Vorlesung auch halten könne, so oft, wie er sie schon gehört hatte. Beim nächsten Halt tauschten also Einstein und der Fahrer die Plätze. Einstein saß mit der Fahreruniform im Saal, während der Fahrer die Vorlesung fehlerfrei hielt. Am Ende fragte ein Zuhörer detailliert über einen Vorlesungsinhalt nach. Einsteins Fahrer antwortete: »Nun, die Antwort zu dieser Frage ist so leicht, dass ich wette, dass sie sogar mein Fahrer, der dort im Publikum sitzt, beantworten könnte …«

Element:
Erde
Tagesqualität:
Kälte
Nahrungsqualität:
Salz
Pflanzenteil:
Wurzel
Körperzone:
Unterkiefer, Halsregion
Organsystem:
Kreislauf

Stier
zunehmender Mond

Sonntag

21

JANUAR

Element:
Luft
Tagesqualität:
Licht
Nahrungsqualität:
Fett
Pflanzenteil:
Blüte
Körperzone:
Schultern, Arme, Hände
Organsystem:
Drüsensystem

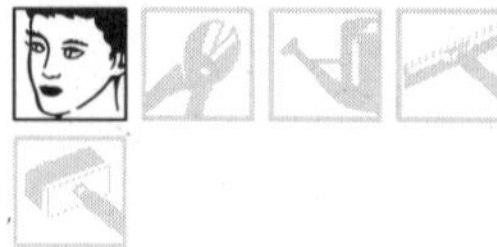

Zwillinge
zunehmender Mond

Der besondere Tipp. Sie planen jetzt schon Ihren Sommerurlaub? Wir werden oft gefragt, ob der Mond auch das Wetter für die Reisezeit vorhersagen kann. Das war früher in gewissem Umfang möglich, denn Wetterregeln und Lostage, die sich auf die Mondphasen berufen, besaßen früher fast unfehlbar Gültigkeit. Da genügte es, Form, Farbe und Geschwindigkeit der Wolken oder das Verhalten der Tiere zu beobachten, um für zwei bis drei Tage im Voraus das Wetter korrekt zu bestimmen. Doch solche Regeln lassen sich nicht verallgemeinern, schon in der Nachbarregion können andere Regeln gelten.

Montag

22

JANUAR

Einfach zum Nachdenken

Das Leben der Ungeborenen
liegt jenen am meisten am Herzen,
die über das Geborene verfügen wollen.

Margret Gottlieb, deutsche Schriftstellerin

Zwillinge
zunehmender Mond

Element:
Luft
Tagesqualität:
Licht
Nahrungsqualität:
Fett
Pflanzenteil:
Blüte
Körperzone:
Schultern, Arme, Hände
Organsystem:
Drüsensystem

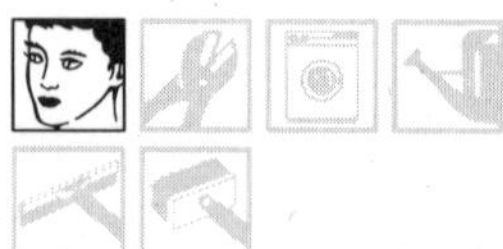

Dienstag

23

JANUAR

Element:
Wasser
Tagesqualität:
Feuchte
Nahrungsqualität:
Kohlenhydrate
Pflanzenteil:
Blatt
Körperzone:
Brustbereich, Lunge
Organsystem:
Nervensystem

Krebs
zunehmender Mond

Ihr persönlicher Mini-Mondkalender 2024
Haareschneiden
ist im Jahr 2024 sehr günstig:

vom 1.1. bis 3.1.	vom 8.7. bis 12.7.
vom 26.1. bis 30.1.	vom 4.8. bis 8.8.
vom 22.2. bis 26.2.	vom 31.8. bis 4.9.
vom 20.3. bis 24.3.	vom 27.9. bis 1.10.
vom 17.4. bis 21.4.	vom 25.10. bis 29.10.
vom 14.5. bis 18.5.	vom 21.11. bis 25.11.
vom 11.6. bis 14.6.	vom 19.12. bis 22.12.

Unser Tipp: Wie immer ist Jungfrau ideal geeignet für das gute Styling, für Dauerwellen und den schnellen Übergang von Kurz- zu Langhaarfrisuren.

Mittwoch

24

JANUAR

Gesund bleiben, gesund werden. Das Abstillen eines Babys geschieht am besten kurz vor Vollmond beziehungsweise am Vollmondtag selbst. Spezialtipp: Lassen Sie die Kleidung, die Sie zuvor beim Stillen getragen haben, nach dem Abstillen für einige Zeit im Schrank. Babys haben einen unbestechlichen Geruchssinn und bringen die Kleidungstücke mit dem Stillen in Verbindung, auch wenn sie gewaschen sind.

Element:
Wasser
Tagesqualität:
Feuchte
Nahrungsqualität:
Kohlenhydrate
Pflanzenteil:
Blatt
Körperzone:
Brustbereich, Lunge
Organsystem:
Nervensystem

Krebs
zunehmender Mond

Donnerstag

25

JANUAR

Element:
Wasser
Tagesqualität:
Feuchte
Nahrungsqualität:
Kohlenhydrate
Pflanzenteil:
Blatt
Körperzone:
Brustbereich, Lunge
Organsystem:
Nervensystem

18.54

Krebs
Vollmond

Gesund bleiben, gesund werden. Wieder einmal bringt der Vollmond heute einen idealen Fastentag. Deshalb heute ein besonderer Tipp: Appetitlosigkeit bei Fieber ist ein natürliches Körpersignal! Man sollte dann auch tatsächlich wenig bis nichts essen, auch wenn die Phase zwei Tage oder länger dauert. Jedes Tier hört zu fressen auf, wenn es krank ist, zieht sich zurück und mobilisiert auf diese Weise seine Selbstheilungskräfte. Wir Menschen bekommen aber oft zu hören: »Iss was, damit du gesund wirst.« Hören Sie lieber auf Ihren Körper und gönnen Sie ihm die verdiente und notwendige Pause.

Freitag

26

JANUAR

Ihr persönlicher Mini-Mondkalender 2024
Fensterputzen
ist im Jahr 2024 günstig:

vom 1.1. bis 10.1.	vom 24.5. bis 5.6.	vom 18.9. bis 2.10.
vom 26.1. bis 9.2.	vom 22.6. bis 5.7.	vom 18.10. bis 31.10.
vom 25.2. bis 9.3.	vom 22.7. bis 3.8.	vom 16.11. bis 30.11.
vom 26.3. bis 8.4.	vom 20.8. bis 2.9.	vom 16.12. bis 30.12.
vom 24.4. bis 7.5.		

Sehr günstig ist das Fensterputzen, wenn in den genannten Zeiten der Mond gleichzeitig in einem Luft- oder Wasserzeichen steht. Wasserzeichen sind besonders günstig, wenn gleichzeitig der Rahmen mit gesäubert werden soll.

Element:
Feuer
Tagesqualität:
Wärme
Nahrungsqualität:
Eiweiß, Frucht
Pflanzenteil:
Frucht
Körperzone:
Herzregion, Kreislauf
Organsystem:
Sinnesorgane

Löwe
abnehmender Mond

Element:
Feuer
Tagesqualität:
Wärme
Nahrungsqualität:
Eiweiß, Frucht
Pflanzenteil:
Frucht
Körperzone:
Herzregion, Kreislauf
Organsystem:
Sinnesorgane

Samstag

27

JANUAR

Schön sein, schön bleiben. Erwachsene beklagen sich manchmal über Jugendliche, die sich täglich die Haare waschen. Das kann tatsächlich Haare und Kopfhaut angreifen, besonders wenn chemische Haarwaschmittel verwendet werden. Insgesamt ist häufiges Haarewaschen jedoch nicht problematisch, wenn man ein mildes Haarwaschmittel aus der Naturkosmetik verwendet und die Krebs- und Fischetage meidet. Haare haben nämlich die Eigenschaft, »Strahlungen« aufzunehmen und zu speichern, bis sie gewaschen werden. Das kann seelisch belastend wirken, ohne dass man sich dessen bewusst ist.

Löwe
abnehmender Mond

Sonntag

28

JANUAR

Einfach zum Nachdenken

Die ganze Kunst der Sprache besteht darin,
verstanden zu werden.
Wir bedürfen nicht vieler Worte.

Konfuzius

Element:
Erde
Tagesqualität:
Kälte
Nahrungsqualität:
Salz
Pflanzenteil:
Wurzel
Körperzone:
Verdauungsorgane
Organsystem:
Kreislauf

Jungfrau
abnehmender Mond

Montag

29

JANUAR

Element:
Erde
Tagesqualität:
Kälte
Nahrungsqualität:
Salz
Pflanzenteil:
Wurzel
Körperzone:
Verdauungsorgane
Organsystem:
Kreislauf

Jungfrau
abnehmender Mond

Schön sein, schön bleiben. Ein gutes Gewebestrafföl aus der Naturkosmetik (etwa mit Rosmarin) würde heute im Bauch- und Magenbereich besonders intensiv und lang anhaltend wirken. Das gilt generell für die Jungfrautage mit ihrem Einfluss auf die Bauchregion. Was den seelischen Grundton dieses Tages betrifft: Heute neigt alles dazu, sich in Extreme zu verlieren, sowohl positiv wie negativ. Sich bewusst dafür zu entscheiden, positiv an die Dinge heranzugehen, wäre heute wichtig. So gesehen würde es nicht nur dem Körper, sondern auch der Seele guttun, einmal einen Tag lang zu fasten.

Dienstag

30

JANUAR

Ihr persönlicher Mini-Mondkalender 2024
Permanent-Make-up und Tattoos
sind im Jahr 2024 günstig:

vom 1.1. bis 10.1.
vom 26.1. bis 9.2.
vom 25.2. bis 9.3.
vom 26.3. bis 8.4.
vom 24.4. bis 7.5.
vom 24.5. bis 5.6.
vom 22.6. bis 5.7.
vom 22.7. bis 3.8.
vom 20.8. bis 2.9.
vom 18.9. bis 2.10.
vom 18.10. bis 31.10.
vom 16.11. bis 30.11.
vom 16.12. bis 30.12.

Bitte in den genannten Zeiten sicherheitshalber das Tierkreiszeichen Steinbock auslassen, weil es die Haut regiert.

Jungfrau
abnehmender Mond

Element:
Erde
Tagesqualität:
Kälte
Nahrungsqualität:
Salz
Pflanzenteil:
Wurzel
Körperzone:
Verdauungsorgane
Organsystem:
Kreislauf

Mittwoch

31

JANUAR

Element:
Luft
Tagesqualität:
Licht
Nahrungsqualität:
Fett
Pflanzenteil:
Blüte
Körperzone:
Hüfte, Nieren, Blase
Organsystem:
Drüsensystem

Waage
abnehmender Mond

Sparen mit dem Mondkalender – Bindegewebsmassage. Günstig bei abnehmendem Mond und Neumond, ideal in den Tierkreiszeichen Zwillinge (Arme) und Schütze (Oberschenkel). Wenn Sie den richtigen Zeitpunkt einhalten, kommt im Körper alles in Bewegung. Das Gewebe kann sich lockern, und Gifte können leichter ausgeschwemmt werden. Verspanntes, meist schmerzhaftes Gewebe kann sich von Schlacken lösen, die Beweglichkeit des ganzen Körpers verbessert sich sofort. Sie sparen Zeit, Arztkosten und Nervenkraft.

Donnerstag

1

FEBRUAR

Ihr persönlicher Mini-Mondkalender 2024
ACHTUNG! Sonnenbaden
(auch Solariumsbesuch!)
ist 2024 sehr ungünstig:

vom 23.1. bis 25.1.	am 8.6. und 9.6.	am 25.9. und 26.9.
am 20.2. und 21.2.	vom 5.7. bis 7.7.	vom 22.10. bis 24.10.
am 16.3. und 17.3.	am 2.8. und 3.8.	am 19.11. und 20.11.
vom 14.4. bis 16.4.	am 29.8. und 30.8.	am 16.12. und 17.12.
am 12.5. und 13.5.		

Schatten wäre an den genannten Tagen
der beste Sonnenschutz!

Element:
Luft
Tagesqualität:
Licht
Nahrungsqualität:
Fett
Pflanzenteil:
Blüte
Körperzone:
Hüfte, Nieren, Blase
Organsystem:
Drüsensystem

Waage
abnehmender Mond

Freitag

2

FEBRUAR

Element:
Wasser
Tagesqualität:
Feuchte
Nahrungsqualität:
Kohlenhydrate
Pflanzenteil:
Blatt
Körperzone:
Geschlechtsorgane
Organsystem:
Nervensystem

Skorpion
abnehmender Mond

Der besondere Tipp. Das Tageslicht nimmt nun spürbar zu, und in vielen Regionen wird der heutige Tag als »Mariä Lichtmess« gefeiert – ein besonders guter Tag für einen Neubeginn in jeder Hinsicht. Früher war es der übliche Tag für einen Arbeitsplatzwechsel. Ein Neubeginn zum richtigen Zeitpunkt heißt aber nicht, dass Sie gleichsam automatisch auf einen guten Ausgang des Vorhabens zusteuern. Die Kräfte dieses Tages sorgen nur dafür, dass man schneller als sonst merkt, ob sich etwas zum Guten oder zum Schlechten entwickelt, und lassen dadurch wertvolle Zeit gewinnen, sich richtig zu entscheiden.

Samstag

3

FEBRUAR

Gesund bleiben, gesund werden. Ein Tipp zum »Kräutertag« Skorpion – der »Schwedenbitter«, eine wunderbare Mischung verschiedener Kräuter und Naturstoffe im Alkoholauszug, grammgenau aufeinander abgestimmt. Das Elixier ist unverzichtbarer Bestandteil unserer Hausapotheke. Einsatzbereiche für die äußerliche Anwendung: Verletzungen, Wunden, Brandwunden, Narben, Hautausschläge, Neurodermitis, Akne, Nagelbettentzündung, Nagelpilz, Muskelzerrungen, Migräne, Schwindel, Rheuma, Erfrierungen, Hämorrhoiden. Bei Hühneraugen und Warzen bei abnehmendem Mond unverdünnt aufpinseln.

Skorpion
abnehmender Mond

Element:
Wasser
Tagesqualität:
Feuchte
Nahrungsqualität:
Kohlenhydrate
Pflanzenteil:
Blatt
Körperzone:
Geschlechtsorgane
Organsystem:
Nervensystem

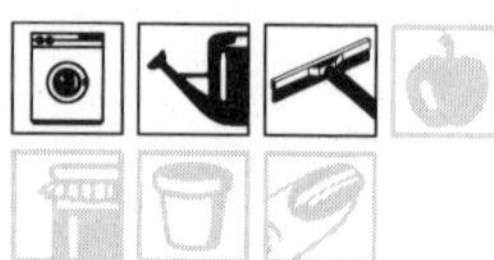

Element:
Wasser
Tagesqualität:
Feuchte
Nahrungsqualität:
Kohlenhydrate
Pflanzenteil:
Blatt
Körperzone:
Geschlechtsorgane
Organsystem:
Nervensystem

Sonntag 4 FEBRUAR

Skorpion
abnehmender Mond

Einfach zum Nachdenken

Die bittersten Worte wirken selten so entzweiend
wie die unausgesprochenen,
vergeblich erwarteten.

Hans Carossa

Sparen mit dem Mondkalender – Obst- und Safttage. Günstig immer an Widder, Löwe und Schütze und generell an Neumond und Vollmond sowie jeweils an den drei Tagen zuvor. Wenn Sie den richtigen Zeitpunkt einhalten, werden Sie Freude am Ergebnis und keine Mühe mit dem Durchhalten haben. Magendrücken oder Blähungen bleiben aus, die Verdauung funktioniert besser. Der Bauchumfang schwindet, und Sie fühlen sich kräftiger. Die Müdigkeit vergeht, und ein Sättigungsgefühl stellt sich ein. Sie sollten aber unbedingt auf den eigenen Ernährungstyp achten, denn Obst wird unterschiedlich gut vertragen (siehe unser Buch *Alpha-Omega-Formel*). Sie sparen Zeit und Nervenkraft.

Montag 5 FEBRUAR

Element:
Feuer
Tagesqualität:
Wärme
Nahrungsqualität:
Eiweiß, Frucht
Pflanzenteil:
Frucht
Körperzone:
Oberschenkel, Venen
Organsystem:
Sinnesorgane

Schütze
abnehmender Mond

Dienstag

6

FEBRUAR

Element:
Feuer
Tagesqualität:
Wärme
Nahrungsqualität:
Eiweiß, Frucht
Pflanzenteil:
Frucht
Körperzone:
Oberschenkel, Venen
Organsystem:
Sinnesorgane

Schütze
abnehmender Mond

Humor ist gute Medizin. Während eines Besuchs in einer geschlossenen Anstalt fragt ein Besucher den Direktor, nach welchen Kriterien entschieden wird, ob jemand eingeliefert werden muss oder nicht. Der Direktor sagt: »Nun, wir füllen eine Badewanne, geben dem Kandidaten einen Teelöffel, eine Tasse und einen Eimer und bitten ihn, die Badewanne auszuleeren.« Der Besucher: »Ah, ich verstehe, und ein normaler Mensch würde den Eimer nehmen, damit es schneller geht, ja?« Direktor: »Nein, ein normaler Mensch würde den Stöpsel ziehen … Wünschen Sie ein Zimmer mit oder ohne Balkon?«

Mittwoch

7

FEBRUAR

Der besondere Tipp. In unserem Buch »Das Tiroler Zahlenrad« machen wir Sie mit der besonderen Kraft der Zahlen Ihres Geburtsdatums, aber auch des aktuellen Datums bekannt. Zum Beispiel heute: Gehören Sie zu den eher zurückhaltenden Menschen? Heute dürften Sie damit weniger Probleme haben als sonst. Die Durchsetzungskraft wächst. Allerdings sind auch andere Menschen temperamentvoller als üblich. Die Zahlen des heutigen Tages (der »Süden« mit 2 und 7) fördern jedenfalls alles Feurige. Wer dazu neigt, schnell fiebrig zu werden, sollte darauf achten, heute genug zu trinken.

Steinbock
abnehmender Mond

Element:
Erde
Tagesqualität:
Kälte
Nahrungsqualität:
Salz
Pflanzenteil:
Wurzel
Körperzone:
Knie, Knochen, Haut
Organsystem:
Kreislauf

Element:
Erde
Tagesqualität:
Kälte
Nahrungsqualität:
Salz
Pflanzenteil:
Wurzel
Körperzone:
Knie, Knochen, Haut
Organsystem:
Kreislauf

Donnerstag
8
FEBRUAR

Der Mond – Ihr guter Freund in Haushalt und Alltag. Alljährlich im ersten Halbjahr taucht Steinbock immer im abnehmenden Mond auf – eine Einladung, diese Tage besonders für die Arbeit mit Holz zu nutzen, zum Basteln, Bauen, Renovieren. An diesen Tagen verarbeitetes Holz und Holzverbindungen bleiben fest und ruhig. Nach Natur- und Mondrhythmen verarbeitet und eingebaut, gibt sich Holz zufrieden, es hat Raum. Besondere Schutzmittel sind meist überflüssig, in Innenräumen ohnehin. Für den Außenbereich ist Überstreichen mit natürlichen Lasuren und Farben völlig ausreichend. Lärchenholz benötigt sogar keinerlei Oberflächenversiegelung.

Steinbock
abnehmender Mond

Sparen mit dem Mondkalender – Lymphdrainage. Günstig bei abnehmendem Mond, ideal in Zwillinge, Waage und Wassermann. Wenn Sie den richtigen Zeitpunkt einhalten, ist eine Lymphdrainage eine wahre Wohltat! Sie entspannen sich, während Ihr Körper optimale Entgiftungsarbeit leistet. Man fühlt sich hinterher schwebeleicht. Trinken Sie nach der Behandlung viel klares Wasser, weil die Lymphbahnen bei der Transportarbeit Unterstützung brauchen. Sie sparen Zeit, Arztkosten und Nervenkraft.

Freitag
9
FEBRUAR

Element:
Luft
Tagesqualität:
Licht
Nahrungsqualität:
Fett
Pflanzenteil:
Blüte
Körperzone:
Unterschenkel, Venen
Organsystem:
Drüsensystem

Wassermann
abnehmender Mond

Samstag

10

FEBRUAR

Element:
Luft
Tagesqualität:
Licht
Nahrungsqualität:
Fett
Pflanzenteil:
Blüte
Körperzone:
Unterschenkel, Venen
Organsystem:
Drüsensystem

00.00

Wassermann
Neumond

Humor ist gute Medizin. Ein Mathematiklehrer war verzweifelt über die Leistungen seiner Klasse, und so murmelte er leise vor sich hin: »Die sind so schlecht, dass 80% bei der nächsten Klassenarbeit durchfallen werden.« Ein Schüler in der ersten Reihe hatte scharfe Ohren und sagte: »Aber Herr Lehrer, so viele sind wir doch gar nicht!«

Sonntag

11

FEBRUAR

Humor ist gute Medizin. Der österreichische Schriftsteller Hugo von Hofmannsthal verfügte über einen Schatz bibliophiler Raritäten, die er nur ungern verlieh. Einmal bekam er ein Buch mit zahlreichen Fettflecken zurück. Hofmannsthal war darüber so verärgert, dass er eine Speckschwarte mit folgendem Kommentar zurückschickte: »Ich erlaube mir, Ihnen das Lesezeichen, das Sie in meinem Buch vergessen haben, zurückzuschicken.«

Fische
zunehmender Mond

Element:
Wasser
Tagesqualität:
Feuchte
Nahrungsqualität:
Kohlenhydrate
Pflanzenteil:
Blatt
Körperzone:
Füße, Zehen
Organsystem:
Nervensystem

Element:
Wasser
Tagesqualität:
Feuchte
Nahrungsqualität:
Kohlenhydrate
Pflanzenteil:
Blatt
Körperzone:
Füße, Zehen
Organsystem:
Nervensystem

Montag 12 FEBRUAR

Rosenmontag

Fische
zunehmender Mond

Humor ist gute Medizin. Am Stachus in München sprach ein Tourist Karl Valentin an: »Entschuldigen Sie, wie weit ist es denn von hier bis zum Hauptbahnhof?« Valentin antwortete: »Wenns so weitergenga wie bis jetzt, nacha san's 40.000 Kilometer. Aber wenn's Eahna umdrahn, ham's bloß noch fünf Minuten zum gehn.«

Dienstag 13 FEBRUAR

Faschingsdienstag

Humor ist gute Medizin. Der australische Chirurg Dr. Charles Billroth lehrte seine Studenten, dass ein Arzt zwei Fähigkeiten brauche: Erstens, er darf sich nicht ekeln. Und zweitens, er muss präzise beobachten. Zur Demonstration tunkte er seinen Finger in eine abscheulich bittere Flüssigkeit, schleckte und forderte die Studenten auf, das Gleiche zu tun. Sie probierten einer nach dem anderen, ohne mit der Wimper zu zucken. Danach eröffnete ihnen Dr. Billroth lächelnd: »Sie haben den ersten Test bestanden, aber nicht den zweiten. Denn keiner von Ihnen hat bemerkt, dass ich meinen Zeigefinger in die Flüssigkeit getaucht, aber den Mittelfinger abgeleckt habe.«

Widder
zunehmender Mond

Element:
Feuer
Tagesqualität:
Wärme
Nahrungsqualität:
Eiweiß, Frucht
Pflanzenteil:
Frucht
Körperzone:
Kopfbereich bis Oberkiefer
Organsystem:
Sinnesorgane

Mittwoch

14

FEBRUAR

Valentinstag/ Aschermittwoch

Widder

zunehmender Mond

Element:
Feuer
Tagesqualität:
Wärme
Nahrungsqualität:
Eiweiß, Frucht
Pflanzenteil:
Frucht
Körperzone:
Kopfbereich bis Oberkiefer
Organsystem:
Sinnesorgane

Einfach zum Nachdenken

Wir können uns nicht aussuchen,
ob wir schwere Zeiten durchleben,
sondern nur, *wie* wir es tun.

Sandra Aldrich

Donnerstag

15

FEBRUAR

Moon Power für Garten, Feld und Wald. Ein Tipp für den Jahresgartenplan 2024, den sich viele LeserInnen ja gerne in den ruhigeren Wintermonaten erstellen: Wer einen kleinen Obstgarten neu anpflanzen möchte, sollte eine einfache Regel beherzigen. Immer zuerst Steinobstbäume (Pfirsich, Aprikose, Kirsche usw.) pflanzen und dann erst nach einigen Jahren, beziehungsweise wenn die Bäumchen noch klein sind, das Kernobst (Äpfel, Birnen). Steinobst lockert den Boden und bietet dem empfindlicheren Kernobst Schutz, es braucht und verträgt selbst viel Sonne. Obstbäume sind eine wunderbare Sache, frei Haus erhält man Biogarantie!

Stier

zunehmender Mond

Element:
Erde
Tagesqualität:
Kälte
Nahrungsqualität:
Salz
Pflanzenteil:
Wurzel
Körperzone:
Unterkiefer, Halsregion
Organsystem:
Kreislauf

Element:
Erde
Tagesqualität:
Kälte
Nahrungsqualität:
Salz
Pflanzenteil:
Wurzel
Körperzone:
Unterkiefer, Halsregion
Organsystem:
Kreislauf

Freitag 16 FEBRUAR

Stier
zunehmender Mond

Sparen mit dem Mondkalender – Vitamine, Mineralien und Eisenpräparate einnehmen. Günstig bei zunehmendem Mond, ideal an Stier, Jungfrau und Steinbock. Wenn Sie den richtigen Zeitpunkt einhalten, kann der Körper Vitamine und Mineralien optimal aufnehmen und verwerten. Bio-Obst und -gemüse als Quelle sind natürlich optimal, aber es gibt Situationen, in denen die Einnahme von Präparaten sinnvoll sein kann, etwa bei eintöniger Kantinenkost. Wenn Eisen fehlt, muss zusätzlich Kupfer zugeführt werden, sonst kann der Körper das Eisen nicht aufnehmen (dies kann auch die Einnahme zum richtigen Zeitpunkt nicht wettmachen). Sie sparen Geld und Nervenkraft.

Samstag 17 FEBRUAR

Humor ist gute Medizin. Vier exzellente Studenten der Universität Sydney waren sich sicher, die Abschlussprüfung zu schaffen, und gingen zu einer Party – mit der Folge, dass sie den Prüfungstermin am nächsten Tag verschliefen. Dem Professor schwindelten sie vor, dass sie wegen einer Reifenpanne den Termin versäumt hatten. Der Professor erlaubte ihnen, die Abschlussprüfung nachzuholen, und setzte jeden Studenten in einen anderen Raum. 100 Punkte waren zu erreichen. Die erste Aufgabe brachte 5 Punkte und war sehr leicht, jeder Student wusste die Antwort. Die zweite Aufgabe brachte 95 Punkte: »Welcher Reifen war platt?«

Element:
Luft
Tagesqualität:
Licht
Nahrungsqualität:
Fett
Pflanzenteil:
Blüte
Körperzone:
Schultern, Arme, Hände
Organsystem:
Drüsensystem

Zwillinge
zunehmender Mond

Sonntag

18

FEBRUAR

Element:
Luft
Tagesqualität:
Licht
Nahrungsqualität:
Fett
Pflanzenteil:
Blüte
Körperzone:
Schultern, Arme, Hände
Organsystem:
Drüsensystem

Zwillinge
zunehmender Mond

Einfach zum Nachdenken

Wer A sagt, muss nicht unbedingt B sagen.
Er kann auch erkennen, dass A falsch war.

Berthold Brecht

Montag

19

FEBRUAR

Einfach zum Nachdenken

Eine Frau, die sich ständig sorgt,
welchen Eindruck ihr Verhalten und ihre Kleidung
auf eine kritische Öffentlichkeit machen,
ist eine Frau in Fesseln.
Sie könnte genauso gut zu Hause bleiben.

Emely Hahn

Zwillinge
zunehmender Mond

Element:
Luft
Tagesqualität:
Licht
Nahrungsqualität:
Fett
Pflanzenteil:
Blüte
Körperzone:
Schultern, Arme, Hände
Organsystem:
Drüsensystem

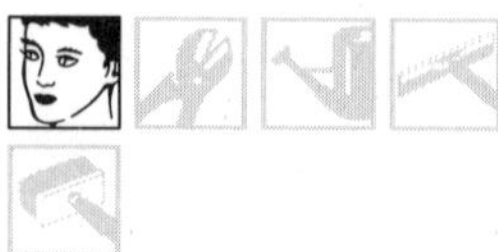

Element:
Wasser
Tagesqualität:
Feuchte
Nahrungsqualität:
Kohlenhydrate
Pflanzenteil:
Blatt
Körperzone:
Brustbereich, Lunge
Organsystem:
Nervensystem

Dienstag
20
FEBRUAR

Gesund bleiben, gesund werden. An Krebstagen ist die Erkältungsgefahr größer als sonst. Deshalb ein Tipp aus alter Zeit: Kalte Hände und das gleichzeitige Bedürfnis, sie zu wärmen, sind oft allererstes Anzeichen einer Erkältung. Man könnte sie dann noch abwenden, wenn man die Hände mehrmals am Tag wärmt und auch die Füße warm hält. Besteht dazu keine Möglichkeit, dann am besten öfter unter fließendes heißes Wasser halten oder einen heißen Tee bestellen. Glühwein im Winter könnte also Gutes leisten, um Krankenstände senken zu helfen. Jedoch alkoholfrei, denn Alkohol betäubt das Temperaturgefühl des Körpers.

Krebs
zunehmender Mond

Der Mond – Ihr guter Freund in Haushalt und Alltag. Alljährlich fällt es vielen von uns nach Weihnachten und Jahreswende nicht leicht, die fröhlich erworbenen Zusatzpfunde wieder loszuwerden. Wir kennen da einige Tricks, wobei besonders an Krebstagen das Ersetzen von Wurst oder Käse mit selbst gemachten Aufstrichen schon ein guter Anfang wäre. Zum Beispiel so: Nehmen Sie zwei verschiedene Biobohnensorten aus der Dose, fügen Sie 2–3 EL Olivenöl hinzu, dann salzen, pfeffern, 1–2 Knoblauchzehen zugeben und ab damit in den Mixer. Experimentieren Sie nach Belieben mit Kräutern. Der Aufstrich hält im Kühlschrank mindestens eine Woche lang.

Mittwoch
21
FEBRUAR

Element:
Wasser
Tagesqualität:
Feuchte
Nahrungsqualität:
Kohlenhydrate
Pflanzenteil:
Blatt
Körperzone:
Brustbereich, Lunge
Organsystem:
Nervensystem

Krebs
zunehmender Mond

Donnerstag

22

FEBRUAR

Element:
Feuer
Tagesqualität:
Wärme
Nahrungsqualität:
Eiweiß, Frucht
Pflanzenteil:
Frucht
Körperzone:
Herzregion, Kreislauf
Organsystem:
Sinnesorgane

Löwe
zunehmender Mond

Gesund bleiben, gesund werden. Wer sich heute vorgenommen hat, viel für seine körperliche Fitness zu tun, sollte nicht überrascht sein, wenn die Puste schnell ausgeht. Herz und Kreislauf reagieren auf Überlastung an Löwetagen nicht sehr freundlich. Gerade jetzt sollte man sich nicht überanstrengen. Jeder übermäßige Konsum von »Genussmitteln« wirkt sich zudem an Löwe besonders ungünstig auf einen zu hohen Blutdruck aus. Den Blutdruck senkende, natürlich wirksame Kräuter sind Mistel, Knoblauch, Bärlauch, Zwiebel und Zinnkraut. Das ist auch der Grund dafür, warum manche Menschen von Knoblauch müde werden.

Freitag

23

FEBRUAR

Sparen mit dem Mondkalender – Haareschneiden. Günstig bei Löwe und Jungfrau. Wenn Sie den richtigen Zeitpunkt einhalten, ist dichtes, gesundes Haar Ihr Lohn. Die Spitzen brechen nicht und spalten sich nicht. Im Laufe der Zeit bekommen die Haare mehr Glanz, die Frisur hält besser. Auch der Haarausfall verringert sich, die lästigen Schuppen bleiben aus. Sie sparen Geld, Zeit und Nervenkraft.

Löwe
zunehmender Mond

Element:
Feuer
Tagesqualität:
Wärme
Nahrungsqualität:
Eiweiß, Frucht
Pflanzenteil:
Frucht
Körperzone:
Herzregion, Kreislauf
Organsystem:
Sinnesorgane

Element:
Feuer
Tagesqualität:
Wärme
Nahrungsqualität:
Eiweiß, Frucht
Pflanzenteil:
Frucht
Körperzone:
Herzregion, Kreislauf
Organsystem:
Sinnesorgane

Samstag

24

FEBRUAR

Gesund bleiben, gesund werden. Löwetage beeinflussen nicht nur unseren Kreislauf, sondern auch, wie wir Farben wahrnehmen und welche Wirkung sie haben. Wenn es Zeit und Wetter zulassen, gehen Sie heute einmal kurz ins Grüne, am besten in einen Wald zum »Waldbaden«, und lassen Sie die Seele baumeln. Grün wirkt ausgleichend und neutralisierend, es ist die Farbe der Hoffnung, Harmonie und Heilung. Diese Farbe ist als Kontrafarbe dem Mond im Zeichen Löwe zugeordnet, sie wirkt positiv auf Brust, Herz und Knie. Bewusst diese Farbe in der eigenen Kleidung zu wählen, kann Heilungsprozesse unterstützen.

13.30

Löwe
Vollmond

Einfach zum Nachdenken

Wir alle sind Teil eines Puzzles.
Als Puzzleteil bist du links und rechts bei deinen Lieben eingehängt. Alle stehen wir in einer Richtung. Wenn du nun die Richtung wechselst und dich zu drehen beginnst, passiert Folgendes: Wer dich liebt und merkt, dass das für dich gut ist, dreht sich mit.
Du kannst nicht mehr, aber auch nicht weniger tun: dich drehen. Den Rest macht die Liebe.

Franziska Alber in Schwemm

Sonntag

25

FEBRUAR

Element:
Erde
Tagesqualität:
Kälte
Nahrungsqualität:
Salz
Pflanzenteil:
Wurzel
Körperzone:
Verdauungsorgane
Organsystem:
Kreislauf

Jungfrau
abnehmender Mond

Montag

26

FEBRUAR

Element:
Erde
Tagesqualität:
Kälte
Nahrungsqualität:
Salz
Pflanzenteil:
Wurzel
Körperzone:
Verdauungsorgane
Organsystem:
Kreislauf

Jungfrau
abnehmender Mond

Sparen mit dem Mondkalender. Silikondichtungen an Türen, im Bad, entlang von Fliesen usw. müssen oft komplett erneuert werden, beispielsweise wenn ein Neubau noch etwas in Bewegung ist oder wenn Materialalterung die Dichtungen spröde gemacht hat. Suchen Sie sich für diese Arbeit unbedingt einen Termin bei abnehmendem Mond in einem »trockenen« Zeichen, also nicht an Krebs, Skorpion und Fische. Die Zeit bis zur nächsten Erneuerung können Sie so beträchtlich verlängern. Generell gilt, dass im Heimwerkerbereich der abnehmende Mond die besseren Ergebnisse bringt. Obendrein geht alles leichter von der Hand. Sie sparen Zeit, Geld und Chemie.

Dienstag

27

FEBRUAR

Vom Tagesrhythmus der Organe. Von 5 bis 7 Uhr morgens arbeitet der Dickdarm auf Hochtouren. Etwa zwei Stunden lang hält sich die Nahrung im Dünndarm auf, dagegen etwa 20 Stunden im Dickdarm. Durchfall lässt auf Verdauungsprobleme im Dünndarm schließen, während Verstopfung auf eine zu lange Eindickzeit hindeutet. Gerade zwischen 5 und 7 Uhr morgens könnte man die entgiftende Arbeit des Dickdarms gut unterstützen, wenn man ein Glas lauwarmes Wasser trinkt oder mit getrockneten Früchten nachhilft.

Waage
abnehmender Mond

Element:
Luft
Tagesqualität:
Licht
Nahrungsqualität:
Fett
Pflanzenteil:
Blüte
Körperzone:
Hüfte, Nieren, Blase
Organsystem:
Drüsensystem

Element:
Luft
Tagesqualität:
Licht
Nahrungsqualität:
Fett
Pflanzenteil:
Blüte
Körperzone:
Hüfte, Nieren, Blase
Organsystem:
Drüsensystem

Mittwoch 28 FEBRUAR

Gesund bleiben, gesund werden. Die Waage-Energie berührt im Körper die Hüftregion. Vielleicht haben Sie Probleme mit der Hüfte, und sie schmerzt heute mehr als sonst? Das kann durchaus der Waage-Mond sein, der hier auf sich aufmerksam macht. Man kann ja immer wieder erleben, wie Schmerzen kommen und gehen, scheinbar ohne Grund und Zusammenhang. An Waage kann die Beweglichkeit manchmal zu wünschen übrig lassen. Meist reagiert man instinktiv mit einer Schonhaltung, aber dieses Schonen ist genau das Verkehrte. Besuchen Sie eine Physiotherapie-Praxis und lassen Sie sich die passende Gegenbewegung zeigen.

Waage
abnehmender Mond

Donnerstag 29 FEBRUAR

Sparen mit dem Mondkalender – Hornhautentfernung. Günstig bei abnehmendem Mond inklusive Neumond, außer in Fische. Wenn Sie den richtigen Zeitpunkt einhalten, bleibt die Haut lange Zeit geschmeidig und weich. Die Hornhaut kommt zudem nicht in derselben Stärke nach. Nach der Behandlung zum richtigen Zeitpunkt sind die Stellen (meist die Fersen) schnell wieder belastbar und kaum empfindlich. Feine Strümpfe gehen nicht mehr so schnell kaputt. Im Sommer sehen die Fersen in offenen Schuhen oder barfuß schön gepflegt aus. Hosensäume bleiben nicht mehr hängen, es gibt keine Druckstellen. Sie sparen Zeit und Geld, wenn Sie üblicherweise zur Fußpflege gehen.

Element:
Luft
Tagesqualität:
Licht
Nahrungsqualität:
Fett
Pflanzenteil:
Blüte
Körperzone:
Hüfte, Nieren, Blase
Organsystem:
Drüsensystem

Waage
abnehmender Mond

Freitag

1

MÄRZ

Element:
Wasser
Tagesqualität:
Feuchte
Nahrungsqualität:
Kohlenhydrate
Pflanzenteil:
Blatt
Körperzone:
Geschlechtsorgane
Organsystem:
Nervensystem

Skorpion
abnehmender Mond

Der Mond – Ihr guter Freund in Haushalt und Alltag. Kürzlich fragte eine Leserin, welcher Einfluss beim Wäschewaschen überwiegt. Die Mondphase – also ob der Mond ab- oder zunimmt? Oder das Tierkreiszeichen – etwa wenn die günstigen Wasserzeichen (Krebs, Skorpion, Fische) herrschen? Unsere Antwort ist eindeutig: Die Mondphase ist wirksamer. Bei abnehmendem Mond zu waschen ist günstiger als beispielsweise eine große Wäsche bei zunehmendem Mond in einem Wasserzeichen. Natürlich kann man während des zunehmenden Mondes nicht ganz aufs Wäschewaschen verzichten, aber zumindest den Hauptteil in den günstigen abnehmenden Mond verschieben, das geht.

Samstag

2

MÄRZ

Sparen mit dem Mondkalender – große Wäsche und Problemwäsche. Günstig bei abnehmendem Mond, ideal an Krebs, Skorpion und Fische. Wenn Sie den richtigen Zeitpunkt einhalten, wird Ihre Wäsche besonders sauber werden, Problemflecken lösen sich leichter, die Fasern werden geschont und das Waschmittel lässt sich restlos ausspülen (wichtig für Allergiker!). Fast immer kommen Sie mit der Hälfte der empfohlenen Waschmittelmenge aus (deshalb niemals nur Waschmitteltabs kaufen!). Sie sparen Zeit und viel Wasser.

Skorpion
abnehmender Mond

Element:
Wasser
Tagesqualität:
Feuchte
Nahrungsqualität:
Kohlenhydrate
Pflanzenteil:
Blatt
Körperzone:
Geschlechtsorgane
Organsystem:
Nervensystem

Element:
Feuer
Tagesqualität:
Wärme
Nahrungsqualität:
Eiweiß, Frucht
Pflanzenteil:
Frucht
Körperzone:
Oberschenkel, Venen
Organsystem:
Sinnesorgane

Sonntag
3
MÄRZ

Einfach zum Nachdenken

Man sollte keine Dummheit zweimal begehen,
die Auswahl ist schließlich groß genug.

Jean-Paul Sartre

Schütze
abnehmender Mond

Montag
4
MÄRZ

Moon Power für Garten, Feld und Wald. Am Fruchttag Schütze eine Anmerkung zum Thema Landwirtschaft: Die Industrielandwirtschaft behauptet, es sei nicht möglich, die Menschheit zu ernähren, wenn ausschließlich menschenwürdige, natürliche, ungiftige Methoden im Pflanzenbau angewendet würden. Jeder Biolandwirt kann Ihnen jedoch sagen, dass er gleiche oder höhere Erträge nach dem Umstieg erzielen konnte, wenn er Geduld und den richtigen Zeitpunkt mitbrachte. Vergessen Sie nie: *Sie* sind der König Kunde. *Sie* haben es in der Hand, nur Bioprodukte zu kaufen. Mit Ihrer kleinen Entscheidung zum Guten wenden Sie das Schicksal der Welt.

Element:
Feuer
Tagesqualität:
Wärme
Nahrungsqualität:
Eiweiß, Frucht
Pflanzenteil:
Frucht
Körperzone:
Oberschenkel, Venen
Organsystem:
Sinnesorgane

Schütze
abnehmender Mond

Dienstag

5

MÄRZ

Element:
Erde
Tagesqualität:
Kälte
Nahrungsqualität:
Salz
Pflanzenteil:
Wurzel
Körperzone:
Knie, Knochen, Haut
Organsystem:
Kreislauf

Steinbock
abnehmender Mond

Sparen mit dem Mondkalender – Peeling. Günstig bei abnehmendem Mond, ideal an Widder oder Steinbock. Wenn Sie den richtigen Zeitpunkt einhalten, lösen sich die abgestorbenen Hautschuppen mühelos und es kommt zu keinen unnötigen Reizungen. Die Haut wirkt sauber und geschmeidig. Die geglättete Oberfläche verhindert, dass die Poren gleich wieder verstopfen. Gleichzeitig werden die Poren enger und Feuchtigkeitscremes werden besser aufgenommen. (*Siehe auch morgen!*)

Mittwoch

6

MÄRZ

Sparen mit dem Mondkalender – Enthaaren/Epilieren. Günstig bei abnehmendem Mond, ideal im Tierkreiszeichen Steinbock, aber Löwe und Jungfrau meiden. Wenn Sie den richtigen Zeitpunkt einhalten, wachsen unerwünschte Haare nicht mehr so rasch nach. Bei abnehmendem Mond in Steinbock regelmäßig enthaaren, und es kann geschehen, dass die Haare gar nicht mehr nachkommen. Sich während eines Friseurtermins zum richtigen Zeitpunkt gleichzeitig die Augenbrauen machen zu lassen, ist keine gute Idee, weil bei Löwe die Augenbrauen noch mehr wuchern. Sie sparen Zeit und Geld, weil Sie seltener ins Kosmetikstudio gehen werden.

Steinbock
abnehmender Mond

Element:
Erde
Tagesqualität:
Kälte
Nahrungsqualität:
Salz
Pflanzenteil:
Wurzel
Körperzone:
Knie, Knochen, Haut
Organsystem:
Kreislauf

Element:
Erde
Tagesqualität:
Kälte
Nahrungsqualität:
Salz
Pflanzenteil:
Wurzel
Körperzone:
Knie, Knochen, Haut
Organsystem:
Kreislauf

Donnerstag

7

MÄRZ

Steinbock
abnehmender Mond

Sparen mit dem Mondkalender – großer Hausputz und Frühjahrsputz. Günstig bei abnehmendem Mond, ideal an Zwillinge, Waage und Wassermann, also beispielsweise morgen und übermorgen. Wenn Sie den richtigen Zeitpunkt einhalten, geht alles leicht von der Hand, die Arbeit ist langfristig erfolgreich. Die Flächen trocknen schneller und gründlich, auch wenn mit viel Wasser gearbeitet wird. Es besteht keine Schimmelgefahr, natürliche Materialien wie Holz werden geschont. Sie sparen Zeit und Mühe.

Freitag

8

MÄRZ

Einfach zum Nachdenken

Hoffnung auf eine bessere Zukunft
versperrt manchmal den Blick
auf das Machbare.

Ron Fischer

Wassermann
abnehmender Mond

Element:
Luft
Tagesqualität:
Licht
Nahrungsqualität:
Fett
Pflanzenteil:
Blüte
Körperzone:
Unterschenkel, Venen
Organsystem:
Drüsensystem

Samstag

9

MÄRZ

Element:
Luft
Tagesqualität:
Licht
Nahrungsqualität:
Fett
Pflanzenteil:
Blüte
Körperzone:
Unterschenkel, Venen
Organsystem:
Drüsensystem

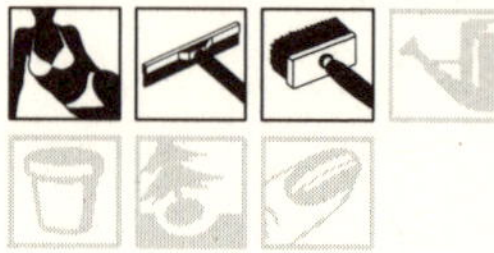

Wassermann
abnehmender Mond

Sparen mit dem Mondkalender – Häckseln. Günstig bei abnehmendem Mond und Neumond, ideal an Widder, Löwe, Schütze, Zwillinge, Waage oder Wassermann. Wenn Sie den richtigen Zeitpunkt einhalten, bleibt das Häckselgut luftig und trocken. Sie können gleichzeitig größere Mengen verarbeiten, ohne sich Schimmel einzufangen. Holz trennt sich leichter von der Rinde. Auch die Häckselmaschine profitiert, denn es verklebt nichts. Sie können das Häckselgut als Mulch sofort dort ausbreiten, wo es gebraucht wird. Bei der Wahl der Maschine unbedingt auf gute Qualität achten! Sie sparen Zeit und Mühe.

Sonntag

10

MÄRZ

Einfach zum Nachdenken

Die Seele jeder Ordnung
ist ein guter Papierkorb.

Kurt Tucholsky

09.59

Fische
Neumond

Element:
Wasser
Tagesqualität:
Feuchte
Nahrungsqualität:
Kohlenhydrate
Pflanzenteil:
Blatt
Körperzone:
Füße, Zehen
Organsystem:
Nervensystem

Montag 11 MÄRZ

Element:
Wasser
Tagesqualität:
Feuchte
Nahrungsqualität:
Kohlenhydrate
Pflanzenteil:
Blatt
Körperzone:
Füße, Zehen
Organsystem:
Nervensystem

Fische
zunehmender Mond

Sparen mit dem Mondkalender – Rasen anlegen und einsäen. Günstig bei zunehmendem Mond an Krebs, Skorpion und Fische, aber ideal in den Löwetagen. Wenn Sie den richtigen Zeitpunkt einhalten, wächst der Rasen kräftiger heran und ist weit widerstandsfähiger. Ein leichtes Eingießen genügt, an Krebs, Skorpion und Fische sollten Sie stärker gießen. Ein Nachsäen wird meist überflüssig. Bis der Rasen aufgeht, sorgen Sie bitte dafür, dass er immer feucht bleibt. Nur bei Regenwetter können Sie sich das anfängliche Gießen sparen. Sie sparen Zeit, Geld und Wasser.

Dienstag 12 MÄRZ

Der besondere Küchentipp – zum Umgang mit Kochrezepten. Kochen nach Rezept ist nicht »Malen nach Zahlen«! Fast jedes Kochbuchrezept zählt zwar Art und Menge der Zutaten auf, aber das sind nur Richtwerte. Arbeiten Sie immer auch nach Gefühl und Intuition. Und diese Stimme sagt: »Nein, heute nehme ich doppelt so viel Koriander!«, oder: »Heute soll's schärfer sein.« Unser Vorschlag: Beim ersten Mal das Rezept nachkochen, wie es im Buch steht. Beim zweiten Mal dann mutig sein und die Erfahrung sprechen lassen: Füg hinzu, lass weg, verringere oder erhöhe. Am besten, Sie machen sich gleich nach dem ersten Mal Notizen, die Sie zu der Seite mit dem Rezept legen.

Element:
Feuer
Tagesqualität:
Wärme
Nahrungsqualität:
Eiweiß, Frucht
Pflanzenteil:
Frucht
Körperzone:
Kopfbereich bis Oberkiefer
Organsystem:
Sinnesorgane

Widder
zunehmender Mond

Mittwoch

13

MÄRZ

Element:
Feuer
Tagesqualität:
Wärme
Nahrungsqualität:
Eiweiß, Frucht
Pflanzenteil:
Frucht
Körperzone:
Kopfbereich bis Oberkiefer
Organsystem:
Sinnesorgane

Widder
zunehmender Mond

Einfach zum Nachdenken

Ärzte behandeln Krankheiten.
Gute Ärzte behandeln noch nicht ausgebrochene Krankheiten.
Die besten Ärzte verhindern Krankheiten.

Spruch aus dem alten China

Donnerstag

14

MÄRZ

Gesund bleiben, gesund werden. Dass Ihr treuer Mondkalender auch heute nur zwei Symbole aufweist, ist kein Druckfehler. Stier im zunehmenden Mond liefert einfach kaum Anlass, ein eigenes immer wiederkehrendes Symbol zu setzen. Für eine solche Regelmäßigkeit gibt es keine geeigneten Tätigkeiten. Gönnen Sie sich einfach eine intensive Nackenmassage oder einen Halswickel und achten Sie darauf, keine Zugluft an Hals und Schultern zu lassen – damit haben Sie diese Mondphase gut genutzt. An Stiertagen können Allergiker gut erkennen, wogegen sie empfindlich sind. Die Mandeln reagieren nämlich empfindlicher.

Stier
zunehmender Mond

Element:
Erde
Tagesqualität:
Kälte
Nahrungsqualität:
Salz
Pflanzenteil:
Wurzel
Körperzone:
Unterkiefer, Halsregion
Organsystem:
Kreislauf

Element:
Erde
Tagesqualität:
Kälte
Nahrungsqualität:
Salz
Pflanzenteil:
Wurzel
Körperzone:
Unterkiefer, Halsregion
Organsystem:
Kreislauf

Freitag

15

MÄRZ

Stier
zunehmender Mond

Humor ist gute Medizin – LehrerInnen erzählen. »Daniel konnte sich nicht merken, wann man ›ich‹ und wann ›mich‹ verwendet. Eines Tages sollte er vor der ersten Klasse einen entsprechenden Satz bilden und stotterte: ›Ich – ich – ich hab die Tür zugemacht.‹ Als ihm klar wurde, dass das korrekt war, sprang er auf und ab und rief: ›Mich hat es geschafft!‹«

Samstag

16

MÄRZ

Schön sein, schön bleiben. Zwillingetage haben eine besondere Kraft, die das Ergebnis eines Friseurbesuchs manchmal zum kleinen Abenteuer machen. Die Haare neigen dann vermehrt zu »Spliss«, also zu gespaltenen Haarspitzen. Bei manchen Menschen wandern die Haare dann überall hin, nur nicht dahin, wo man sie haben möchte. Das gilt auch für die kommenden Krebstage Montag und Dienstag, die generell keinen guten Einfluss auf die Haare ausüben. Bei Problemen mit den Haaren ist es immer sinnvoll, auf die Löwetage zu warten. Die Haare werden mit der Zeit kräftiger und wachsen dichter und gesünder nach.

Element:
Luft
Tagesqualität:
Licht
Nahrungsqualität:
Fett
Pflanzenteil:
Blüte
Körperzone:
Schultern, Arme, Hände
Organsystem:
Drüsensystem

Zwillinge
zunehmender Mond

Sonntag

17

MÄRZ

Element:
Luft
Tagesqualität:
Licht
Nahrungsqualität:
Fett
Pflanzenteil:
Blüte
Körperzone:
Schultern, Arme, Hände
Organsystem:
Drüsensystem

Zwillinge
zunehmender Mond

Einfach zum Nachdenken

Vollkommen liebenswert und vollkommen hassenswert
sind nur die Menschen,
die man nicht kennt.

Evelyn Waugh

Montag

18

MÄRZ

Rezepte für die Ernährung, wie sie für uns gedacht ist – aus unserem Buch *Alpha-Omega-Formel*: Rührei vegan. Für viele ist der Morgen kein guter Morgen, wenn das Frühstücksei fehlt. Also wer darauf (noch) nicht verzichten will, für den haben wir hier eine sehr feine Übergangshilfe. Lassen Sie sich überraschen. Was Sie brauchen: 2 EL Butterschmalz oder Ghee (Alpha) oder 2 EL Pflanzenöl (Omega) / 250–300 g Naturtofu, mit den Händen klein gebröselt / 3 EL Hefeflocken / ½ TL Schwarzsalz (Kala Namak, sehr wenig nehmen!) / ½ TL Kurkuma, gemahlen / etwas schwarzen Pfeffer / 90 ml Wasser / Schnittlauch nach Belieben. *(Lesen Sie morgen weiter)*

Krebs
zunehmender Mond

Element:
Wasser
Tagesqualität:
Feuchte
Nahrungsqualität:
Kohlenhydrate
Pflanzenteil:
Blatt
Körperzone:
Brustbereich, Lunge
Organsystem:
Nervensystem

Element:
Wasser
Tagesqualität:
Feuchte
Nahrungsqualität:
Kohlenhydrate
Pflanzenteil:
Blatt
Körperzone:
Brustbereich, Lunge
Organsystem:
Nervensystem

Dienstag
19
MÄRZ

Krebs
zunehmender Mond

(Fortsetzung von gestern) Und so geht's: 1 EL Butterschmalz/Ghee oder 1 EL Pflanzenöl in einer Bratpfanne erhitzen. Tofu dazugeben und unter Umrühren so lange brutzeln lassen, bis er leicht gebräunt ist. Hefeflocken, Schwarzsalz, Kurkuma und Pfeffer hinzufügen, gründlich mischen, dann das Wasser zugießen und dünsten, bis es fast verdampft ist (geht schnell!), dann noch eine kleine Weile weiterbraten. Zum Schluss 1 EL Butter (oder Pflanzenöl für Omegas) unterrühren. 1 EL Schnittlauch unterrühren und ein Schälchen Schnittlauch am Tisch bereitstellen. Mit etwas schwarzem Pfeffer bestreut und eventuell mit oder auf dem Lieblingsbrot servieren.

Mittwoch
20
MÄRZ

Vom Tagesrhythmus der Organe. Der Magen arbeitet von 7 bis 9 Uhr morgens auf Hochtouren und ist bereit für Energienachschub. Aber welche Energien? Womit beginnt bei Ihnen der Tag? Mit einem ausgewogenen Müslifrühstück, mit Vollwertkost und Kräutertee? Die Antwort ist letztlich weniger wichtig als die Frage, ob Sie Ihren Tag so beginnen, dass er Sie mit Schwung und Optimismus in den Tag entlässt. Und darüber entscheidet nicht die Zusammensetzung Ihres Frühstücks, sondern das Gefühl, mit dem Sie das Bett verlassen. Sie haben die Wahl! (Wir empfehlen besonders zu diesem Thema unser Buch *Alpha-Omega-Formel.*)

Element:
Feuer
Tagesqualität:
Wärme
Nahrungsqualität:
Eiweiß, Frucht
Pflanzenteil:
Frucht
Körperzone:
Herzregion, Kreislauf
Organsystem:
Sinnesorgane

Löwe
zunehmender Mond

Donnerstag

21

MÄRZ

Element:
Feuer
Tagesqualität:
Wärme
Nahrungsqualität:
Eiweiß, Frucht
Pflanzenteil:
Frucht
Körperzone:
Herzregion, Kreislauf
Organsystem:
Sinnesorgane

Löwe
zunehmender Mond

Schön sein, schön bleiben. Viele ältere Menschen bekommen im Laufe der Zeit schütteres Haar, mit durchscheinender Kopfhaut. »Experten« wollen uns weismachen, es handele sich um eine normale Alterserscheinung. Das ist falsch. Schüttere Haare sind immer Resultat einer falschen Ernährung, von Medikamenten, von zu vielen »Genussmitteln« und oft vom ständigen Färben und von Dauerwellen. Versorgen Sie sich über die Ernährung mit Biolebensmitteln mit ausreichend Vitaminen und Mineralien und das Ausdünnen hat ein Ende. Bis zu einer kräftigen Mähne – zum richtigen Zeitpunkt geschnitten und von innen gut ernährt – dauert es etwa ein Jahr.

Freitag

22

MÄRZ

Schön sein, schön bleiben. Ein Tipp zum Thema Haarefärben, weil wir immer wieder danach gefragt werden: Die Wirkung des Mondes ist hier nicht sehr tiefgreifend. Bei zunehmendem Mond hält Haarfarbe etwas länger, und die Farbe ist etwas intensiver. Bei abnehmendem Mond gefärbt, wäscht sich Farbe schneller aus und verschmutzt öfter auch Kleidungsstücke, Kragen und dergleichen. Meistens geht es ja nur darum, ein wenig herumzuexperimentieren, und manche tragen jede Woche eine andere Farbe im Haar. Kein Problem: Auch hier wäre es sinnvoller, bei zunehmendem Mond zu färben, weil die Farbe besser haftet und so die Kleidung schont.

Löwe
zunehmender Mond

Element:
Feuer
Tagesqualität:
Wärme
Nahrungsqualität:
Eiweiß, Frucht
Pflanzenteil:
Frucht
Körperzone:
Herzregion, Kreislauf
Organsystem:
Sinnesorgane

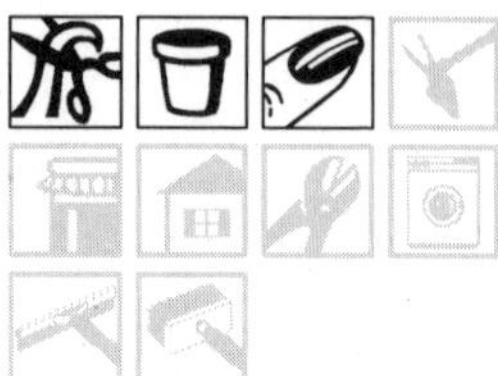

Element:
Erde
Tagesqualität:
Kälte
Nahrungsqualität:
Salz
Pflanzenteil:
Wurzel
Körperzone:
Verdauungsorgane
Organsystem:
Kreislauf

Samstag

23

MÄRZ

Schön sein, schön bleiben. Gehen Sie heute Abend auf ein Date? Glücklicherweise halten viele Friseure an Löwe und Jungfrau länger geöffnet, denn heute ist ein idealer Tag für einen neuen Schnitt oder für Dauerwellen. Verzichten Sie aber heute Abend auf belastende Speisen und gönnen Sie Ihrem Magen eine kleine Ruhepause. Sollten Sie keinen Friseurtermin bekommen (weil inzwischen viele Menschen um den »richtigen Zeitpunkt« wissen), ist vielleicht die Information noch einmal nützlich, dass Sie heute Ihre Zimmerpflanzen umtopfen können. Jungfrau ist dafür der beste Zeitpunkt.

Jungfrau
zunehmender Mond

Sonntag

24

MÄRZ

Einfach zum Nachdenken

Echte Ekstase ist ein Zeichen dafür,
dass du auf dem richtigen Weg bist.
Lass dir von verklemmten Leuten
nichts anderes weismachen.

Teresa von Avila (1515–1582)

Element:
Erde
Tagesqualität:
Kälte
Nahrungsqualität:
Salz
Pflanzenteil:
Wurzel
Körperzone:
Verdauungsorgane
Organsystem:
Kreislauf

Jungfrau
zunehmender Mond

Montag

25

MÄRZ

Element:
Luft
Tagesqualität:
Licht
Nahrungsqualität:
Fett
Pflanzenteil:
Blüte
Körperzone:
Hüfte, Nieren, Blase
Organsystem:
Drüsensystem

07.58

Waage
Vollmond

Schön sein, schön bleiben. Noch einmal zum Thema Haarefärben: Sie wollen stark angegraute Haare färben? Lassen Sie die Haare bei abnehmendem Mond schneiden und auch gleich färben. Die Farbe hält zwar nicht so lange wie bei zunehmendem Mond, dafür aber sieht man den hellen Ansatz nicht so schnell. Auch der Kontrast fällt nicht so stark auf. Eine längere Haltbarkeit der Farbe ist in diesem Fall nicht notwendig, weil der Ansatz ohnehin gleich wieder nachgefärbt werden muss. Wählen Sie keine sehr dunkle Farbe, denn das lässt Sie älter wirken. Bei nahezu weißem Haar wäre eine weiche Tönung sinnvoller, als die Haare zu färben.

Dienstag

26

MÄRZ

Sparen mit dem Mondkalender – Brustkorrektur. Günstig bei abnehmendem Mond, außer an Krebs und Löwe. Wenn Sie den richtigen Zeitpunkt einhalten, verringert sich das Risiko von Komplikationen. Die Beweglichkeit kehrt schneller zurück, Medikamente können schon bald reduziert oder abgesetzt werden. Die gefürchtete Überempfindlichkeit bleibt aus. Es bleiben nur kaum sichtbare Narben zurück. Wichtig ist es, sich nach der Operation zu schonen, obwohl das neu gewonnene gute Gefühl den Tatendrang beflügelt.

Waage
abnehmender Mond

Element:
Luft
Tagesqualität:
Licht
Nahrungsqualität:
Fett
Pflanzenteil:
Blüte
Körperzone:
Hüfte, Nieren, Blase
Organsystem:
Drüsensystem

Element:
Luft
Tagesqualität:
Licht
Nahrungsqualität:
Fett
Pflanzenteil:
Blüte
Körperzone:
Hüfte, Nieren, Blase
Organsystem:
Drüsensystem

Mittwoch

27

MÄRZ

Moon Power für Garten, Feld und Wald. Die meisten unserer Gartentipps wirken unscheinbar auf den ersten Blick, sind einfach in der Anwendung, kosten nichts oder nur wenig. Ihr Sinn erschließt sich oft erst in der Anwendung über längere Zeit. Kaum einer ist jedoch einerseits unscheinbar und andererseits von solch großer Wirkung zum Guten wie dieser: Verwenden Sie bei allen Werkzeugen im Garten unbehandeltes Holz als Material für den Griff. Ist das Holz der Werkzeuge, die Sie schon besitzen, farbig oder transparent lackiert, dann schmirgeln Sie den Lack ab. Esche, Linde und Buche eignen sich als Griffholz am besten.

Waage
abnehmender Mond

Donnerstag

28

MÄRZ
Gründonnerstag

Einfach zum Nachdenken

Nehmen Sie Kritik ernst – nicht persönlich.
Wenn etwas Wahres oder Wertvolles dran ist,
sehen Sie es als Chance und lernen Sie.
Wenn nicht, kann es Ihnen sowieso egal sein.

Hillary Clinton

Element:
Wasser
Tagesqualität:
Feuchte
Nahrungsqualität:
Kohlenhydrate
Pflanzenteil:
Blatt
Körperzone:
Geschlechtsorgane
Organsystem:
Nervensystem

Skorpion
abnehmender Mond

Freitag

29

MÄRZ

Karfreitag

Element:
Wasser
Tagesqualität:
Feuchte
Nahrungsqualität:
Kohlenhydrate
Pflanzenteil:
Blatt
Körperzone:
Geschlechtsorgane
Organsystem:
Nervensystem

Skorpion
abnehmender Mond

Der besondere Tipp. Unser jährlicher Tipp: Heute zwischen 11 und 12 Uhr gewaschene Haare werden nicht grau. So will es eine alte Weisheit, die immer wieder Bestätigung findet. Dass man freitags kein Fleisch essen sollte, besonders nicht am Karfreitag, kann man befolgen oder auch nicht. Tatsache ist, dass an diesem Tag eine besondere und positive Kraft in der Luft liegt, die man sich zunutze machen oder verschwenden kann. Verschwenden unter anderem auch dadurch, dass man den Körper unnötig mit Verdauungsarbeit belastet.

Samstag

30

MÄRZ

Der besondere Tipp. Eine Info aus der Astrologie, die auch wir kennen: Die besondere Zeit des »rückläufigen Merkur« beginnt am Montag! Diese Phase (bis zum 25. April) nutzen Sie am besten, indem Sie alles erledigen, was schon längere Zeit liegen geblieben ist. Die ideale Zeit, um auszumisten, mentale Last aus »schlechter alter Zeit« aus Dachböden und Kellern ans Licht zu holen und zu beseitigen. Finden Sie heraus, wo sich dort Belastendes, Störendes gefangen hat. Wagen Sie den verjüngenden Schritt in neue Zeiten. Ab 25. April dann wieder neu beginnen – diese Regel funktioniert in jedem Alter!

Schütze
abnehmender Mond

Element:
Feuer
Tagesqualität:
Wärme
Nahrungsqualität:
Eiweiß, Frucht
Pflanzenteil:
Frucht
Körperzone:
Oberschenkel, Venen
Organsystem:
Sinnesorgane

Element:
Feuer
Tagesqualität:
Wärme
Nahrungsqualität:
Eiweiß, Frucht
Pflanzenteil:
Frucht
Körperzone:
Oberschenkel, Venen
Organsystem:
Sinnesorgane

Sonntag

31

MÄRZ

Ostersonntag

Schütze
abnehmender Mond

Einfach zum Nachdenken

Möge die Lebendige dich segnen mit Unbehagen
gegenüber allzu einfachen Antworten,
Halbwahrheiten und oberflächlichen Beziehungen,
damit Leben in der Tiefe deines Herzens wohne.
Möge die Lebendige dich mit Zorn segnen
gegenüber Ungerechtigkeiten, Unterdrückung
und Ausbeutung von Menschen,
damit du nach Gerechtigkeit und Frieden strebst.

(Lesen Sie morgen weiter)

Montag

1

APRIL

Ostermontag

(Fortsetzung von gestern)
Möge die Lebendige dich mit Torheit segnen,
zu glauben, dass du die Welt verändern kannst,
indem du Dinge tust, von denen andere meinen,
es sei unmöglich, sie zu tun.
Möge die Lebendige dich mit Tränen segnen,
zu vergießen für die, die unter Schmerzen,
Ablehnung, Hunger und Krieg leiden,
damit du deine Hand ausstreckst,
um sie zu trösten
und ihren Schmerz in Freude zu verwandeln.

Segen der FranziskanerInnen und Klarissinnen

Element:
Feuer
Tagesqualität:
Wärme
Nahrungsqualität:
Eiweiß, Frucht
Pflanzenteil:
Frucht
Körperzone:
Oberschenkel, Venen
Organsystem:
Sinnesorgane

Schütze
abnehmender Mond

Dienstag

2

APRIL

Element:
Erde
Tagesqualität:
Kälte
Nahrungsqualität:
Salz
Pflanzenteil:
Wurzel
Körperzone:
Knie, Knochen, Haut
Organsystem:
Kreislauf

Steinbock
abnehmender Mond

Sparen mit dem Mondkalender – Jäten und Unkrautregulierung. Günstig bei abnehmendem Mond, ideal im Tierkreiszeichen Steinbock, jedoch nicht an Löwe. Wenn Sie den richtigen Zeitpunkt einhalten, kommt das Unkraut kaum noch nach oder bleibt ganz aus. Das Wurzelwerk lässt sich viel leichter aus dem Boden ziehen. Die Pflanzen nur abzureißen genügt nicht, aber selbst wenn Sie nur das tun, wachsen sie nicht mehr so stark nach. Nutzpflanzen gewinnen mehr Raum und Nahrung. Die Nutzpflanzen bei der Arbeit nicht verletzen, weil sie sonst eingehen können! (Mit Jäten ist immer das Entfernen des Unkrauts mitsamt der Wurzel gemeint.) Sie sparen viel Zeit!

Mittwoch

3

APRIL

Humor ist gute Medizin. Kaiser Franz Joseph von Österreich ging einmal durch Wien spazieren, um das Leben des Volkes zu studieren. Er kam auf den Markt und fragte eine Bäuerin, die Eier verkaufte, wie viel zwei Eier kosteten. »Zwei Gulden« (eine astronomische Summe), antwortete die Bäuerin. – »Das ist sehr teuer«, meinte der Kaiser, »sind denn Eier bei uns so selten?« – »Eier nicht«, entgegnete ihm die Landfrau, »aber Kaiser.«

Steinbock
abnehmender Mond

Element:
Erde
Tagesqualität:
Kälte
Nahrungsqualität:
Salz
Pflanzenteil:
Wurzel
Körperzone:
Knie, Knochen, Haut
Organsystem:
Kreislauf

Element:
Luft
Tagesqualität:
Licht
Nahrungsqualität:
Fett
Pflanzenteil:
Blüte
Körperzone:
Unterschenkel, Venen
Organsystem:
Drüsensystem

Donnerstag

4

APRIL

Sparen mit dem Mondkalender – Fenster und Glas reinigen. Günstig bei abnehmendem Mond in Zwillinge, Waage, Wassermann, Widder, Löwe und Schütze. Wenn Sie den richtigen Zeitpunkt einhalten, sparen Sie Zeit, Geld und Nervenkraft und der Umwelt viele Liter giftiger Chemikalien. Die Arbeit geht leicht von der Hand. Das wirksamste Werkzeug zur Reinigung besteht aus einer Sprühflasche mit Leitungswasser und einem Schuss Spiritus. Das Ergebnis hält länger vor, das Glas bleibt länger sauber. Sie sparen Wasser, Zeit und Geld.
(Lesen Sie morgen weiter)

Wassermann
abnehmender Mond

(Fortsetzung von gestern) Wenn neben den Fenstern auch stark verschmutzte Fensterrahmen an der Reihe sind, würden Sie an einem Wassertag (Krebs, Skorpion, Fische) sowohl für Rahmen als auch für die Fenster gute Ergebnisse erzielen. Wenn es sich dabei um lasierte Naturholz- oder Mondholzrahmen handelt, ist das Achten auf den abnehmenden Mond doppelt so wichtig, denn das Holz soll gut trocknen. Das letzte Nachwischen sollte hier mit einem trockenen oder fest ausgewrungenen Tuch erfolgen.

Freitag

5

APRIL

Element:
Luft
Tagesqualität:
Licht
Nahrungsqualität:
Fett
Pflanzenteil:
Blüte
Körperzone:
Unterschenkel, Venen
Organsystem:
Drüsensystem

Wassermann
abnehmender Mond

Samstag

6

APRIL

Element:
Wasser
Tagesqualität:
Feuchte
Nahrungsqualität:
Kohlenhydrate
Pflanzenteil:
Blatt
Körperzone:
Füße, Zehen
Organsystem:
Nervensystem

Fische
abnehmender Mond

Der Mond – Ihr guter Freund in Haushalt und Alltag. Sie wollen Lebensmittelvorräte auffüllen, die sich nach den Osterfeiertagen geleert haben? Vielleicht warten Sie damit bis zum Montag! Heute gekaufte Lebensmittel (auch Getreide) verderben eventuell schneller. Kaufen Sie deshalb nicht unnötig große Mengen auf Vorrat. Statt einer Einkaufstour wäre heute ein idealer Zeitpunkt, um strapazierten Füßen etwas Gutes zu tun und ihnen vielleicht ein heißes Fußbad zu gönnen. Verzichten Sie heute, wenn möglich, aufs Haareschneiden, zumindest jedoch sollten Sie beim nächsten Mal einen Löwe- oder Jungfrautag wählen, um die negative Wirkung wieder aufzuheben.

Sonntag

7

APRIL

Einfach zum Nachdenken

Es ist bekannt, dass kreative Gehirne jegliche Art von schlechter Erziehung überleben.

Anna Freud

Fische
abnehmender Mond

Element:
Wasser
Tagesqualität:
Feuchte
Nahrungsqualität:
Kohlenhydrate
Pflanzenteil:
Blatt
Körperzone:
Füße, Zehen
Organsystem:
Nervensystem

Montag 8 APRIL

Element:
Feuer
Tagesqualität:
Wärme
Nahrungsqualität:
Eiweiß, Frucht
Pflanzenteil:
Frucht
Körperzone:
Kopfbereich bis Oberkiefer
Organsystem:
Sinnesorgane

Der Mond – Ihr guter Freund in Haushalt und Alltag. Immer wieder werden wir gefragt, ob für Haustiere die gleichen Mondregeln gelten wie für uns Menschen, beispielsweise wenn es um die Fellpflege geht. Im Prinzip bleibt alles gleich! Wenn Sie besonders sorgfältig bei abnehmendem Mond bürsten, ist das Ergebnis dauerhafter als mit derselben Intensität bei zunehmendem Mond gearbeitet. Katzen, die zum falschen Zeitpunkt kastriert oder sterilisiert worden sind, können unter vorübergehendem Haarausfall leiden. Sie vertragen generell diesen Eingriff bei abnehmendem Mond besser, wobei das Tierkreiszeichen Skorpion vermieden werden sollte.

19.20

Widder
Neumond

Dienstag 9 APRIL

Der Mond – Ihr guter Freund in Haushalt und Alltag. Viele unserer LeserInnen haben es sicherlich inzwischen schon erlebt: Das Ergebnis vieler Arbeiten im Haushalt hängt nicht nur von Fähigkeit und Freude daran ab, sondern auch vom Mondstand. Das gilt auch für den Erfolg beim Bügeln. Bei zunehmendem Mond beispielsweise sollten Sie Wäsche sorgfältig zum Trocknen aufhängen und dabei Hängefalten vermeiden. Bei zunehmendem Mond getrocknet sind diese Falten schwerer herauszubügeln als bei abnehmendem Mond. Bei Steinbock am besten ganz aufs Wäschewaschen und Bügeln verzichten, weil sogar die Abdrücke von Wäscheklammern noch sichtbar bleiben.

Element:
Feuer
Tagesqualität:
Wärme
Nahrungsqualität:
Eiweiß, Frucht
Pflanzenteil:
Frucht
Körperzone:
Kopfbereich bis Oberkiefer
Organsystem:
Sinnesorgane

Widder
zunehmender Mond

Mittwoch

10

APRIL

Element:
Erde
Tagesqualität:
Kälte
Nahrungsqualität:
Salz
Pflanzenteil:
Wurzel
Körperzone:
Unterkiefer, Halsregion
Organsystem:
Kreislauf

Stier
zunehmender Mond

Einfach zum Nachdenken

Vor der Zukunft fürchte ich mich nicht,
denn ich habe der Vergangenheit
ins Auge gesehen und ich lebe
gerne in der Gegenwart.

William Allen White

Donnerstag

11

APRIL

Gesund bleiben, gesund werden. Kennen Sie schon unser Buch »Fit zum richtigen Zeitpunkt« (früher: »Die Mondgymnastik«)? Es gibt Ihnen alle Informationen an die Hand, um für jegliche Gartenarbeit in diesem Frühling körperlich gut gerüstet zu sein. Überlasten Sie vor allem nicht jene Körperregion, die vom Mondstand gerade regiert wird, also beispielsweise die Arme an Zwillinge mit Grabarbeiten oder die Oberschenkel an Schütze mit Spatenarbeiten. Die drei »Geheimnisse« fürs mühelose Arbeiten im Garten lauten: Den Rücken gerade halten, aus den Knien heraus arbeiten und hinterher eine kurze Entspannungsgymnastik machen.

Stier
zunehmender Mond

Element:
Erde
Tagesqualität:
Kälte
Nahrungsqualität:
Salz
Pflanzenteil:
Wurzel
Körperzone:
Unterkiefer, Halsregion
Organsystem:
Kreislauf

Element:
Luft
Tagesqualität:
Licht
Nahrungsqualität:
Fett
Pflanzenteil:
Blüte
Körperzone:
Schultern, Arme, Hände
Organsystem:
Drüsensystem

Freitag

12

APRIL

Zwillinge
zunehmender Mond

Sparen mit dem Mondkalender – Maniküre und Pediküre. Günstig freitags nach Sonnenuntergang und bei Steinbock. Wenn Sie den richtigen Zeitpunkt einhalten, verschwinden Nagelprobleme, die Nägel werden fest und brechen kaum noch. Besondere Nagelpflegemittel sind überflüssig. Selbst bei gröberer Handarbeit bekommen Sie keine Probleme mehr. Sie sparen also Zeit und Geld. Nicht vergessen: Der richtige Zeitpunkt ist das *eine* Geheimnis gesunder Nägel. Eine menschengerechte Ernährung mit Biolebensmitteln das andere!

Samstag

13

APRIL

Sparen mit dem Mondkalender – Pikieren. Günstig bei zunehmendem Mond, ideal in Jungfrau, jedoch nicht in Wassermann und Fische. Wenn Sie den richtigen Zeitpunkt einhalten, steigt die Wahrscheinlichkeit, dass Sie gesunde und kräftige Pflanzen heranziehen. Nach dem Pikieren passiert es nur sehr selten, dass einige Pflanzen eingehen, andere nicht – meist gedeihen alle oder keine. Sehr geeignet zum Pikieren fruchttragender Pflanzen sind die Fruchttage Löwe und Schütze oder, wenn reiches Blattwerk gewünscht wird, die Blatttage Krebs und Skorpion. Sie sparen Zeit, Geld und Wasser.

Element:
Luft
Tagesqualität:
Licht
Nahrungsqualität:
Fett
Pflanzenteil:
Blüte
Körperzone:
Schultern, Arme, Hände
Organsystem:
Drüsensystem

Zwillinge
zunehmender Mond

Sonntag

14

APRIL

Element:
Wasser
Tagesqualität:
Feuchte
Nahrungsqualität:
Kohlenhydrate
Pflanzenteil:
Blatt
Körperzone:
Brustbereich, Lunge
Organsystem:
Nervensystem

Krebs
zunehmender Mond

Einfach zum Nachdenken

Du kannst nicht einfach irgendwas kopieren
und dann irgendwas fabrizieren.
Wer kopiert, arbeitet ohne echte Gefühle.

Billie Holiday

Montag

15

APRIL

Gesund bleiben, gesund werden. Lassen Sie sich vom Mondkalender helfen! Sollten Sie beispielsweise empfindlich an Leber und Galle, Lunge oder Brust sein, dann nutzen Sie die Krebstage, um diesen Organen etwas Gutes zu tun. Eine leichte Kost wäre in diesen Tagen immer eine gute Idee. Vielleicht lassen Sie heute eine Mahlzeit ausfallen (am besten das Abendessen) und gehen lieber Kräuter sammeln, die heute besonders gut gegen Bronchitis und bei Magen-, Leber- und Gallebeschwerden wirken. Jetzt bei zunehmendem Mond sammeln und bei abnehmendem Mond abfüllen.

Krebs
zunehmender Mond

Element:
Wasser
Tagesqualität:
Feuchte
Nahrungsqualität:
Kohlenhydrate
Pflanzenteil:
Blatt
Körperzone:
Brustbereich, Lunge
Organsystem:
Nervensystem

Dienstag 16 APRIL

Element:
Wasser
Tagesqualität:
Feuchte
Nahrungsqualität:
Kohlenhydrate
Pflanzenteil:
Blatt
Körperzone:
Brustbereich, Lunge
Organsystem:
Nervensystem

Krebs
zunehmender Mond

Humor ist gute Medizin. Nach der Uraufführung eines Stückes von Gerhart Hauptmann applaudierte das Publikum stehend. Hauptmann blieb im Dunkeln sitzen. Da flüsterte ihm der Logenschließer zu: »Ich denke genau wie Sie, mein Herr – aber bitte, stehen Sie auf und reizen Sie die Leute nicht.«

Mittwoch 17 APRIL

Humor ist gute Medizin – LehrerInnen erzählen. »Meine Sechstklässler haben mich nicht in Ruhe gelassen und in einer Tour ›Frau Müller? Frau Müller?‹ gerufen. Als ich fragte, ob wir vielleicht fünf Minuten ohne ›Frau Müller‹ auskämen, war kurz Stille – dann meldete sich eine leise Stimme aus den hinteren Reihen: ›Angelika?‹ Das ist mein Vorname.«

Element:
Feuer
Tagesqualität:
Wärme
Nahrungsqualität:
Eiweiß, Frucht
Pflanzenteil:
Frucht
Körperzone:
Herzregion, Kreislauf
Organsystem:
Sinnesorgane

Löwe
zunehmender Mond

Donnerstag

18

APRIL

Element:
Feuer
Tagesqualität:
Wärme
Nahrungsqualität:
Eiweiß, Frucht
Pflanzenteil:
Frucht
Körperzone:
Herzregion, Kreislauf
Organsystem:
Sinnesorgane

Löwe
zunehmender Mond

Moon Power für Garten, Feld und Wald. Aus der Serie »Tipps und Tricks für den lebendigen Garten«. Stachelbeeren lassen sich leicht durch das Herunterbiegen von Trieben vermehren. Einfach im Frühjahr an einem Jungfrautag (wie etwa morgen!) einen Trieb auf den Boden biegen und mit U-Haken in der Erde befestigen. Etwas Erde drüber und warten, bis er austreibt. Im Herbst trennen Sie dann den gebogenen Trieb ab – und haben einen neuen Strauch. Sie können ihn dort lassen oder an einen anderen Ort verpflanzen. Auslichten sollten Sie Stachelbeeren immer bei abnehmendem Mond an Widder, Löwe oder Schütze, sonst fallen die Blätter zu früh ab.

Freitag

19

APRIL

Vom Tagesrhythmus der Organe. Von 9 bis 11 Uhr vormittags arbeiten Milz und Bauchspeicheldrüse am wirkungsvollsten. Ein großes Frühstück nach 9 Uhr morgens wirkt deshalb belastend und ermüdend. Wenn man andererseits in diesen beiden Stunden den »kleinen Hunger« mit etwas Süßem stillt, muss die Bauchspeicheldrüse schwer arbeiten, um den Blutzuckerspiegel zu senken. Das macht müde. Verzichten Sie generell auf alles Süße und stark Zuckerhaltige während dieser zwei Stunden (besonders wenn gleichzeitig der Mond in Jungfrau steht, was heute der Fall ist).

Jungfrau
zunehmender Mond

Element:
Erde
Tagesqualität:
Kälte
Nahrungsqualität:
Salz
Pflanzenteil:
Wurzel
Körperzone:
Verdauungsorgane
Organsystem:
Kreislauf

Element:
Erde
Tagesqualität:
Kälte
Nahrungsqualität:
Salz
Pflanzenteil:
Wurzel
Körperzone:
Verdauungsorgane
Organsystem:
Kreislauf

Samstag 20 APRIL

Moon Power für Garten, Feld und Wald. Wenn Kräuterbüsche im Garten auf »Wanderschaft« gehen und sich ausdehnen, dann lassen Sie diese Wanderung zu. Sie haben dann nicht die Mühe, nach Jahren einen anderen Standort finden zu müssen. Der Boden ist in diesem Fall für die Pflanze ausgelaugt und dient als idealer Platz für andere Pflanzen. Oftmals gehen kleine Pflanzen daneben auf, und es wäre gut, die neuen Pflänzchen aufkommen zu lassen (nicht alle!), weil die alte bald ihre Aufgabe erfüllt hat. Solange Platz ist, tut der Pflanze die zweite Generation gut. Entscheiden Sie einfach, welche Pflanze bleiben darf.

Jungfrau
zunehmender Mond

Sonntag 21 APRIL

Einfach zum Nachdenken

Es gibt kein Verbot für alte Weiber,
auf Bäume zu klettern.

Astrid Lindgren

Element:
Erde
Tagesqualität:
Kälte
Nahrungsqualität:
Salz
Pflanzenteil:
Wurzel
Körperzone:
Verdauungsorgane
Organsystem:
Kreislauf

Jungfrau
zunehmender Mond

Montag

22

APRIL

Element:
Luft
Tagesqualität:
Licht
Nahrungsqualität:
Fett
Pflanzenteil:
Blüte
Körperzone:
Hüfte, Nieren, Blase
Organsystem:
Drüsensystem

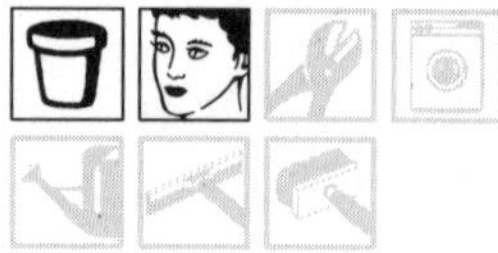

Waage
zunehmender Mond

Gesund bleiben, gesund werden. Hauptgründe für Übergewicht sind mangelnde Bewegung und belastende Essgewohnheiten. Lichttage (Zwillinge, Waage, Wassermann) laden dazu ein, mit Fett in der Ernährung eher sparsam umgehen. Zahlreiche Gewichtsprobleme in den letzten Jahrzehnten entstanden nicht zuletzt deshalb, weil man uns eingeredet hat, dass pflanzliches Fett in jedem Fall besser sei als Butter. Wer auf pflanzliche Öle umgestellt hat und damit Probleme bekam, sollte einmal prüfen, ob er oder sie nicht zu jener Hälfte der Menschheit gehört, die Butter und Butterschmalz besser verträgt. Unser Buch *Alpha-Omega-Formel* erzählt von diesem Thema ausführlich!

Dienstag

23

APRIL
Welttag des Buches

Einfach zum Nachdenken

Wer sich nicht bewegt,
spürt seine Fesseln nicht.

Rosa Luxemburg

Waage
zunehmender Mond

Element:
Luft
Tagesqualität:
Licht
Nahrungsqualität:
Fett
Pflanzenteil:
Blüte
Körperzone:
Hüfte, Nieren, Blase
Organsystem:
Drüsensystem

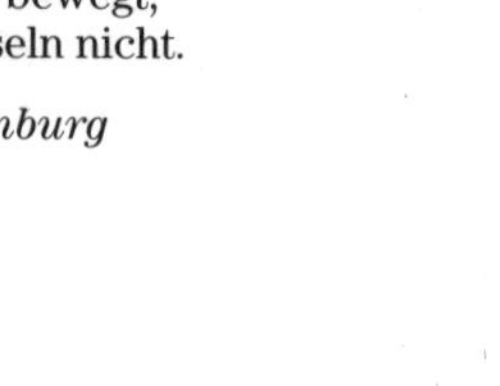

Element:
Wasser
Tagesqualität:
Feuchte
Nahrungsqualität:
Kohlenhydrate
Pflanzenteil:
Blatt
Körperzone:
Geschlechtsorgane
Organsystem:
Nervensystem

Mittwoch

24

APRIL

Gesund bleiben, gesund werden. Eine Frühjahrskur mit Brennnesseltee ist eine wunderbare Sache, um Frühjahrsmüdigkeit gar nicht erst aufkommen zu lassen. Beginnen Sie dazu heute oder morgen mit der Kur und hören Sie am 7. Mai auf. Trinken Sie täglich zwischen 15 und 19 Uhr etwa einen halben Liter Brennnesseltee. Nur frische junge Blätter verwenden und nur *eine Minute* ziehen lassen. Zehn Minuten, wie oftmals sogar von Ärzten empfohlen, ist viel zu lange! Wer Brennnesseltee nicht verträgt, kann es mit Schafgarbentee probieren oder mit fertigem Blutreinigungstee aus dem Bioladen.

00.47

Skorpion
Vollmond

Sparen mit dem Mondkalender – Pflanzenernährung und Düngen. Günstig kurz nach Vollmond, jedoch nicht an Zwillinge, Waage oder Wassermann. Wenn Sie den richtigen Zeitpunkt einhalten, können Erdreich und Pflanzen den Dünger optimal aufnehmen. Die Nährstoffaufnahme kann gut dosiert ablaufen, ein Schnellwuchs von Wassertrieben bleibt aus. Sie können Naturdünger den Vorzug geben und auf Chemie völlig verzichten. Sie sparen Zeit, Geld und Wasser.

Donnerstag

25

APRIL

Element:
Wasser
Tagesqualität:
Feuchte
Nahrungsqualität:
Kohlenhydrate
Pflanzenteil:
Blatt
Körperzone:
Geschlechtsorgane
Organsystem:
Nervensystem

Skorpion
abnehmender Mond

Freitag 26 APRIL

Element:
Wasser
Tagesqualität:
Feuchte
Nahrungsqualität:
Kohlenhydrate
Pflanzenteil:
Blatt
Körperzone:
Geschlechtsorgane
Organsystem:
Nervensystem

Skorpion
abnehmender Mond

Moon Power für Garten, Feld und Wald. Damit Kinder im Garten Schmetterlinge, Hummeln und Vögel beobachten können, sollten Sie heimische Gehölze wählen. An Holunder und Haselnuss tummeln sich die Insekten, Forsythien dagegen bleiben allein. Heimische Sträucher sind zudem robuster und erholen sich schnell, wenn sich mal ein Ball verirrt. Wer mit seinen Kindern zusammen Früchte ernten möchte, sollte natürlich auch Beerensträucher wie Himbeeren, Johannisbeeren oder stachellose Brombeeren pflanzen, ideal ab Neumond an Fruchttagen wie Widder oder Löwe, also vielleicht am 14. oder 15. Mai.

Samstag 27 APRIL

Sparen mit dem Mondkalender – Permanent-Make-up, Tattoos und Piercings. Günstig bei abnehmendem Mond außer Steinbock. Wenn Sie den richtigen Zeitpunkt einhalten, sinkt die Gefahr von Entzündungen. Permanent-Make-up, Tätowierungen und Piercings verursachen Mikroverletzungen der Haut. Deshalb sollte das Tierkreiszeichen gemieden werden, das die behandelte Körperregion regiert. Besonders bei Piercings lässt sich so eine Entzündung oder Vereiterung verhindern. Alles verheilt schnell, und wenn Sie in zehn Jahren ein anderes Verständnis von Mode haben, bleiben keine Narben zurück. Sie sparen Zeit, Geld und Nervenkraft.

Schütze
abnehmender Mond

Element:
Feuer
Tagesqualität:
Wärme
Nahrungsqualität:
Eiweiß, Frucht
Pflanzenteil:
Frucht
Körperzone:
Oberschenkel, Venen
Organsystem:
Sinnesorgane

Sonntag

28

APRIL

Element:
Feuer
Tagesqualität:
Wärme
Nahrungsqualität:
Eiweiß, Frucht
Pflanzenteil:
Frucht
Körperzone:
Oberschenkel, Venen
Organsystem:
Sinnesorgane

Einfach zum Nachdenken

Tun Sie, was Sie für richtig halten.
Es wird immer jemanden geben,
der anders denkt.

Michelle Obama

Schütze
abnehmender Mond

Montag

29

APRIL

Sparen mit dem Mondkalender – Malerarbeiten, Lackieren, Imprägnieren und Tapezieren. Günstig bei abnehmendem Mond inklusive Neumond, mit Ausnahme von Krebs, Skorpion, Fische und Löwe. Wenn Sie den richtigen Zeitpunkt einhalten, fügt sich alles nahtlos zusammen und bleibt fugenlos. Die Tapeten schlagen keine Wellen. Zum richtigen Zeitpunkt verarbeitet, hält die Farbe länger, sie splittert nicht ab und ist witterungsbeständiger. Eventuelle giftige Ausdünstungen sind dann nicht so stark. Die Oberflächen werden glatter, der Materialverbrauch ist geringer. Es kommt kaum zu Übergangsstreifen. Sie sparen Geld, Zeit und Nervenkraft. *(Lesen Sie morgen weiter)*

Element:
Erde
Tagesqualität:
Kälte
Nahrungsqualität:
Salz
Pflanzenteil:
Wurzel
Körperzone:
Knie, Knochen, Haut
Organsystem:
Kreislauf

Steinbock
abnehmender Mond

Dienstag

30

APRIL

Element:
Erde
Tagesqualität:
Kälte
Nahrungsqualität:
Salz
Pflanzenteil:
Wurzel
Körperzone:
Knie, Knochen, Haut
Organsystem:
Kreislauf

Steinbock
abnehmender Mond

(Fortsetzung von gestern) Unterschätzen sollte man auch nicht »Nebensächliches« wie das Pinselreinigen. Pinsel lassen sich bei abnehmendem Mond mühelos reinigen und sind nachher weich, von der Spitze bis zum Ansatz. Für eine gelungene Malerarbeit ist das von großer Bedeutung, aber auch in finanzieller Hinsicht, denn gute Pinsel sind teuer. Sorgfältiges Abdecken und Abkleben ist auch sehr wichtig. Wegen einer nachlässigen Abdeckung hinterherzureinigen, kostet mindestens doppelt so viel Zeit. Wenn etwas danebengeht, dann einen Lappen oder Ähnliches bereithalten, um gleich tätig werden zu können.

Mittwoch

1

MAI
Maifeiertag

Einfach zum Nachdenken

Das Altern ist wie die Woge im Meer.
Wer sich von ihr tragen lässt, treibt obenauf. Wer sich gegen sie aufbäumt, geht unter.

Gertrud von le Fort

Wassermann
abnehmender Mond

Element:
Luft
Tagesqualität:
Licht
Nahrungsqualität:
Fett
Pflanzenteil:
Blüte
Körperzone:
Unterschenkel, Venen
Organsystem:
Drüsensystem

Donnerstag

2

MAI

Element:
Luft
Tagesqualität:
Licht
Nahrungsqualität:
Fett
Pflanzenteil:
Blüte
Körperzone:
Unterschenkel, Venen
Organsystem:
Drüsensystem

Moon Power für Garten, Feld und Wald. Wenn Sie den heutigen Tag zum Gärtnern nutzen wollen oder gar müssen, dann sollten Sie auf den abnehmenden Mond im Wassermann Rücksicht nehmen. Schalten Sie automatische Rasensprenger aus, denn heute künstlich bewässert sind Pflanzen anfälliger für Schädlinge. Ein wirklich günstiger Zeitpunkt hingegen herrscht heute zum Unkrautjäten. Sie brauchen nämlich nicht akribisch die Wurzel mit herausziehen, es genügt, wenn Sie die Pflanze mit der Unkrauthacke verletzen. Natürlich sind Kulturpflanzen heute genauso sensibel – passen Sie beim Jäten auf, dass Sie Nutzpflanzen nicht schädigen.

Wassermann
abnehmender Mond

Freitag

3

MAI

Der besondere Tipp. Auch heute gibt es wie jeden Freitag sicherlich die eine oder andere kleine Feier im Kreis der Familie oder Freunde. Wenn Sie zu den Glücklichen gehören, die an einem solchen Ereignis teilnehmen dürfen, dann sei eine kleine Warnung ausgesprochen: Alkohol und Nikotin wirken heute besonders stark. Wie alles, was man an Fische aufnimmt, auch Medikamente und Nahrungsmittel. Überanstrengen Sie heute Ihre Füße nicht, wenn es irgendwie geht. Bedenken Sie, dass eine Überlastung auch den Kreislauf beeinträchtigt, und die Venen wollen heute von Hektik nichts wissen.

Element:
Wasser
Tagesqualität:
Feuchte
Nahrungsqualität:
Kohlenhydrate
Pflanzenteil:
Blatt
Körperzone:
Füße, Zehen
Organsystem:
Nervensystem

Fische
abnehmender Mond

Samstag

4

MAI

Element:
Wasser
Tagesqualität:
Feuchte
Nahrungsqualität:
Kohlenhydrate
Pflanzenteil:
Blatt
Körperzone:
Füße, Zehen
Organsystem:
Nervensystem

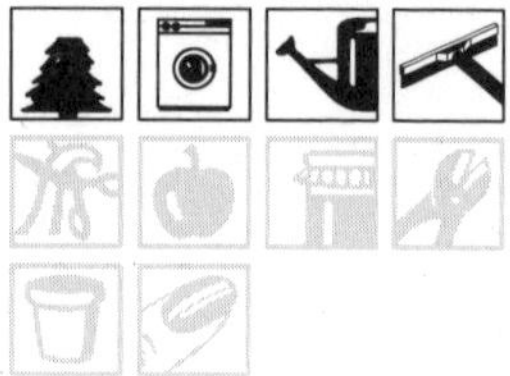

Fische
abnehmender Mond

Moon Power für Garten, Feld und Wald. Einer der guten Gründe, sich im Garten einen kleinen Steinhaufen zuzulegen, besteht darin, neu erworbene Pflanzen mit einem Stein zu »begrüßen«, den Sie nach der Pflanzung neben den Stamm in den Gießring legen. Auch ältere Pflanzen, beispielsweise Obstbäume, freuen sich und fühlen sich bei Ihnen wohl. Dieser Brauch macht auch Kindern Spaß, wenn sie den Stein womöglich vor längerer Zeit selbst entdeckt und in den Garten getragen haben. Solche Steine haben sich gleichsam »ans Haus gewöhnt«, kennen seine Bewohner und vermitteln freundlich zwischen ihnen und dem Neuankömmling.

Sonntag

5

MAI

Einfach zum Nachdenken

Das Glück ist nicht im ewig lachenden
Himmel zu suchen,
sondern in feinen Kleinigkeiten,
aus denen wir unser Leben
zusammenzimmern.

Carmen Sylva

Widder
abnehmender Mond

Element:
Feuer
Tagesqualität:
Wärme
Nahrungsqualität:
Eiweiß, Frucht
Pflanzenteil:
Frucht
Körperzone:
Kopfbereich bis Oberkiefer
Organsystem:
Sinnesorgane

Element:
Feuer
Tagesqualität:
Wärme
Nahrungsqualität:
Eiweiß, Frucht
Pflanzenteil:
Frucht
Körperzone:
Kopfbereich bis Oberkiefer
Organsystem:
Sinnesorgane

Montag

6

MAI

Widder
abnehmender Mond

Humor ist gute Medizin – LehrerInnen erzählen. »In der Mathestunde meiner zweiten Klasse wollte ich den Schülern die Symbole für ›größer als‹ und ›kleiner als‹ beibringen und malte also < und > an die Tafel. Als ich wissen wollte, was diese Zeichen bedeuten, antwortete ein Schüler: ›Mit der einen Taste kann man vor- und mit der anderen zurückspulen!‹«

Dienstag

7

MAI

Gesund bleiben, gesund werden. Es gibt ein Mittel gegen Sonnenbrand, das wunderbar funktioniert, und das ist der Saft frischer Biozitronen. Einfach auf die Haut träufeln, ganz zart verteilen und eintrocknen lassen. Brennt manchmal ein wenig, ist aber rasch vorbei. Später noch einmal wiederholen. Der Juckreiz hört schnell auf, und die Haut schält sich nicht. Wichtig: Die Zitronen sollten unbedingt mindestens Zimmertemperatur haben. Aus dem Kühlschrank genommen können Kinder fast einen Schock bekommen, wenn man sie auf ihrer heißen Haut verwendet. Zur Sonnenbrandgefahr noch ein Tipp: Bei zunehmendem Mond im Tierkreiszeichen Löwe ist sie am höchsten.

Stier
abnehmender Mond

Element:
Erde
Tagesqualität:
Kälte
Nahrungsqualität:
Salz
Pflanzenteil:
Wurzel
Körperzone:
Unterkiefer, Halsregion
Organsystem:
Kreislauf

Mittwoch

8

MAI

Element:
Erde
Tagesqualität:
Kälte
Nahrungsqualität:
Salz
Pflanzenteil:
Wurzel
Körperzone:
Unterkiefer, Halsregion
Organsystem:
Kreislauf

04.21

Stier
Neumond

Sparen mit dem Mondkalender – Umzug von Tieren. Günstig bei zunehmendem Mond, mit Ausnahme von Krebs und Löwe. Ebenso günstig immer montags, mittwochs oder samstags, auch mit Ausnahme von Krebs und Löwe. Wenn Sie den richtigen Zeitpunkt einhalten, dauert die Phase der Eingewöhnung nicht lange. Besonders bei Nutztieren ist das Stressniveau viel geringer. In der Nacht sind die Tiere ruhig, und auch der Appetit bleibt erhalten. Haustiere laufen nicht weg. Sie sparen Zeit und Nervenkraft.

Donnerstag

9

MAI

Christi Himmelfahrt

Medizin für die Seele. Wenn ihr geliebt werden wollt, so beginnt damit, andere zu lieben, die eure Liebe brauchen. Wenn ihr Mitgefühl von anderen erwartet, so zeigt zuerst anderen gegenüber Mitgefühl. Wenn ihr von anderen respektiert werden wollt, so lernt zuerst, alle anderen Menschen, ob jung oder alt, zu achten. Vergesst nie, dass ihr zuerst selbst jene Eigenschaften besitzen müsst, die ihr von anderen erwartet. Dann werdet ihr feststellen, dass sich andere gegenüber euch ebenso verhalten. *Yogananda*

Element:
Erde
Tagesqualität:
Kälte
Nahrungsqualität:
Salz
Pflanzenteil:
Wurzel
Körperzone:
Unterkiefer, Halsregion
Organsystem:
Kreislauf

Stier
zunehmender Mond

Element:
Luft
Tagesqualität:
Licht
Nahrungsqualität:
Fett
Pflanzenteil:
Blüte
Körperzone:
Schultern, Arme, Hände
Organsystem:
Drüsensystem

Freitag 10 MAI

Gesund bleiben, gesund werden. Übermorgen ist Muttertag, deshalb ein Tipp für alle Mamas, die erst kürzlich Mutter geworden sind: Für viele ist es ja eine große Erleichterung, wenn das Baby zum ersten Mal durchschläft. Eine ausgeruhte Mama ist dem Kind sicher eine bessere Mutter als erschöpft und ohne Schlaf. Sie können es schaffen! Nr. 1 ist die richtige Ernährung, wenn Sie stillen: Fast kein Zucker (weißer Zucker gar nicht). Möglichst kein Kaffee, auch nicht grüner oder schwarzer Tee. Kein raffiniertes Weizenmehl, kein Orangensaft. Abends kein rohes Gemüse oder Salat und nur Bioprodukte. Das hilft meist schon viel.

Zwillinge
zunehmender Mond

Samstag 11 MAI

Moon Power für Garten, Feld und Wald. Löwenzahn, Gänseblümchen, Brennnesseln, vielleicht Schöllkraut, Schafgarbe, Spitzwegerich und viele mehr: Fast alle »Unkräuter« besitzen große Heilkräfte, die bei einer Vielzahl von Gebrechen nützlich sind. Wenn Sie täglich drei Löwenzahnstängel essen (mehr wäre nicht gut!), haben Sie für Ihre Leber und Galle schon viel Gutes getan. Alle Unkräuter in der Landwirtschaft, die mit viel Aufwand bekämpft werden, sind nichts anderes als eine Information der Natur. Sie sagt uns: »Diese Pflanzen würden die ausgelaugte Erde wiederbeleben« oder »Mit den Inhaltsstoffen dieser Pflanzen könntet ihr den Mangel ausgleichen«.

Element:
Luft
Tagesqualität:
Licht
Nahrungsqualität:
Fett
Pflanzenteil:
Blüte
Körperzone:
Schultern, Arme, Hände
Organsystem:
Drüsensystem

Zwillinge
zunehmender Mond

Sonntag

12

MAI
Muttertag

Element:
Wasser
Tagesqualität:
Feuchte
Nahrungsqualität:
Kohlenhydrate
Pflanzenteil:
Blatt
Körperzone:
Brustbereich, Lunge
Organsystem:
Nervensystem

Krebs
zunehmender Mond

Einfach zum Nachdenken

Wozu brauche ich Füße, wenn ich Flügel habe?
Die Kunst und die Liebe sind die Flügel,
die uns in den Himmel tragen.

Frida Kahlo

Montag

13

MAI

Meditieren zum richtigen Zeitpunkt – so heißt eines unserer Bücher. Auch beim Meditieren kann nämlich der Mondkalender hilfreich sein. Versuchen Sie einmal, sich an Krebstagen die Brustregion einige Minuten lang in grünes Licht getaucht vorzustellen. Wenn Sie darin keine Übung haben, schließen Sie einfach die Augen, stellen Sie sich ein farbiges Tuch vor und hüllen Sie mit dem Tuch den Brustbereich ein. Diese Form der Meditation wirkt kräftigend, ausgleichend und heilend auf Brust, Lunge usw. Das gilt auch für »normale« Atemübungen, bei denen man sich die Farbe Grün vorstellt. Vielleicht haben Sie ja die Möglichkeit, dazu in einen Wald zu spazieren.

Krebs
zunehmender Mond

Element:
Wasser
Tagesqualität:
Feuchte
Nahrungsqualität:
Kohlenhydrate
Pflanzenteil:
Blatt
Körperzone:
Brustbereich, Lunge
Organsystem:
Nervensystem

Element:
Feuer
Tagesqualität:
Wärme
Nahrungsqualität:
Eiweiß, Frucht
Pflanzenteil:
Frucht
Körperzone:
Herzregion, Kreislauf
Organsystem:
Sinnesorgane

Dienstag
14
MAI

Löwe
zunehmender Mond

Moon Power für Garten, Feld und Wald. Ob Sie es glauben oder nicht, Tomaten müssen im Freien nicht bewässert werden und benötigen auch keinen Regenschutz, wenn man sie zum richtigen Zeitpunkt pflanzt (beispielsweise heute und morgen). Wir persönlich hängen sie nicht einmal an, weil starker Wind die Stauden abknicken würde. So können sie bequem am Boden entlangwachsen. Wenn zu wenig Unkraut wächst und die Tomaten ungeschützt bleiben, streuen wir ein wenig Stroh unter die Stauden. Den Rest überlassen wir der Natur, den Regenwürmern und anderen freundlichen Helfern. Wir haben immer bis in den Advent hinein frische Tomaten!

Mittwoch
15
MAI

Moon Power für Garten, Feld und Wald. Zunehmender Mond und Löwe – das sollte für passionierte Gartler wieder Signal sein, um Rasen zu säen oder »kahle« Stellen zu reparieren. Der Rasen wächst kräftiger heran und ist widerstandsfähiger. Bei Löwe leicht eingießen und in weiterer Folge an Krebs, Skorpion und Fische etwas länger gießen. Nachsäen wird meist überflüssig. Bis der Rasen aufgeht, bitte dafür sorgen, dass er immer feucht bleibt (nicht nass!). Zum ungünstigen Zeitpunkt gesät – etwa bei abnehmendem Mond an Zwillinge, Waage und Wassermann – ist der Rasen nicht so widerstandsfähig oder geht erst gar nicht auf.

Element:
Feuer
Tagesqualität:
Wärme
Nahrungsqualität:
Eiweiß, Frucht
Pflanzenteil:
Frucht
Körperzone:
Herzregion, Kreislauf
Organsystem:
Sinnesorgane

Löwe
zunehmender Mond

Donnerstag

16

MAI

Element:
Erde
Tagesqualität:
Kälte
Nahrungsqualität:
Salz
Pflanzenteil:
Wurzel
Körperzone:
Verdauungsorgane
Organsystem:
Kreislauf

Jungfrau
zunehmender Mond

Sparen mit dem Mondkalender – Umtopfen und Umsetzen. Günstig bei zunehmendem Mond inklusive Vollmond, ideal bei Jungfrau. Wenn Sie den richtigen Zeitpunkt einhalten, haben Sie beste Chancen, dass alles wieder gesund anwächst und Wurzeln bildet. Die Pflanze erholt sich sofort, sie »verweigert« nicht die Nahrung, Wachstumsstörungen bleiben aus. Blüten, Stängel und Blätter bleiben straff, die Pflanze merkt gar nicht, dass sie eine andere Wurzelumgebung bekommen hat oder an einen anderen Ort verpflanzt worden ist. Sie sparen Zeit, Geld und Nervenkraft. *(Lesen Sie auch morgen)*

Freitag

17

MAI

Moon Power für Garten, Feld und Wald. Der späte Nachmittag und Abend sind für das Versetzen und Umtopfen immer besser geeignet als der Morgen oder Vormittag. Die Kräfte einer Pflanze orientieren sich nämlich auch an der Tageszeit. Von 3 Uhr früh bis 15 Uhr nachmittags steigen Säfte auf, danach sinken sie bis 3 Uhr früh wieder ab. Mit anderen Worten: Die Pflanze wächst nach 15 Uhr besser an als am Morgen. Ausnahme: Steht der Mond im Tierkreiszeichen Jungfrau, ist die Beachtung der Tageszeit nicht so wichtig (außer bei älteren Pflanzen!).

Jungfrau
zunehmender Mond

Element:
Erde
Tagesqualität:
Kälte
Nahrungsqualität:
Salz
Pflanzenteil:
Wurzel
Körperzone:
Verdauungsorgane
Organsystem:
Kreislauf

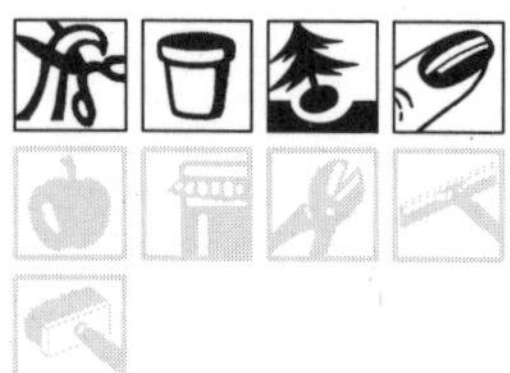

Element:
Erde
Tagesqualität:
Kälte
Nahrungsqualität:
Salz
Pflanzenteil:
Wurzel
Körperzone:
Verdauungsorgane
Organsystem:
Kreislauf

Samstag 18 MAI

Vom Tagesrhythmus der Organe. Belasten Sie in der Hoch-Phase der Herztätigkeit von 11 bis 13 Uhr unsere verlässliche Pumpe nicht mit Sattessen bis zum Platzen, sondern essen Sie nur, bis der Hunger gestillt ist. Das Sattheitsgefühl stellt sich ohnehin meist erst fünf Minuten nach dem Essen ein. Erholsame Ruhepausen nach dem Essen sind leider oftmals nicht möglich, doch zumindest einen stressigen Einkaufsbummel könnten Sie auf eine andere Tagesstunde verlegen, denn nach 13 Uhr bis 15 Uhr möchte sich das Herz eigentlich etwas erholen.

Jungfrau
zunehmender Mond

Medizin für die Seele. »Jeder von uns ist Gottes Kind. Wir sind aus Seinem Geist geboren – in aller Reinheit, Herrlichkeit und Freude. Niemand kann uns dieses Erbe streitig machen. Die größte aller Sünden ist, sich selbst als Sünder zu verdammen und zu glauben, dass man sich auf dem Weg des Irrtums festgefahren hat. In der Bibel heißt es: ›Wisst ihr nicht, dass ihr Gottes Tempel seid und der Geist Gottes in euch wohnt?‹« *Yogananda*

Sonntag 19 MAI

Pfingstsonntag

Element:
Luft
Tagesqualität:
Licht
Nahrungsqualität:
Fett
Pflanzenteil:
Blüte
Körperzone:
Hüfte, Nieren, Blase
Organsystem:
Drüsensystem

Waage
zunehmender Mond

Montag

20

MAI

Pfingstmontag

Element:
Luft
Tagesqualität:
Licht
Nahrungsqualität:
Fett
Pflanzenteil:
Blüte
Körperzone:
Hüfte, Nieren, Blase
Organsystem:
Drüsensystem

Waage
zunehmender Mond

Einfach zum Nachdenken

Wissen ist besser als das bloße Wiederholen von Ritualen.
Meditation wiederum ist besser als Wissen.
Unabhängigkeit von den Früchten der eigenen Taten wiederum
ist besser als Meditation.
Warum? Weil sich nach dem Aufgeben von Erwartungen sofort innerer Frieden einstellt.

Bhagavad Gita, 12/12

Dienstag

21

MAI

Humor ist gute Medizin. Der berühmte Komponist Franz Liszt war in einem sehr vornehmen Hause zum Tee geladen. Der Zucker wurde herumgereicht. Der alte Herr kam mit der neumodischen Zuckerzange nicht zurecht und nahm sich ein Stück mit den Fingern aus der Dose. Die Gastgeberin gab dem Diener einen Wink, eine neue Zuckerdose zu bringen. Liszt übersah diese Taktlosigkeit und unterhielt sich angeregt weiter. Als er aber seinen Tee ausgetrunken hatte, nahm er die kostbare Tasse und warf sie wortlos zum Fenster hinaus.

Skorpion
zunehmender Mond

Element:
Wasser
Tagesqualität:
Feuchte
Nahrungsqualität:
Kohlenhydrate
Pflanzenteil:
Blatt
Körperzone:
Geschlechtsorgane
Organsystem:
Nervensystem

Element:
Wasser
Tagesqualität:
Feuchte
Nahrungsqualität:
Kohlenhydrate
Pflanzenteil:
Blatt
Körperzone:
Geschlechtsorgane
Organsystem:
Nervensystem

Mittwoch 22 MAI

Skorpion
zunehmender Mond

Sparen mit dem Mondkalender – Zimmer- und Balkonpflanzen gießen. Günstig bei Krebs, Skorpion und Fische. Wenn Sie den richtigen Zeitpunkt einhalten, wachsen Ihre Zimmer- und Balkonpflanzen robust und sind widerstandsfähiger gegen Schädlinge aller Art. Wasser wird optimal aufgenommen, und die Pflanzen erholen sich, auch wenn sie schon etwas ausgetrocknet waren. Die Gefahr von Nässestau und damit von Fäulnis ist geringer. Die Blumen sind nicht verwöhnt und überstehen Trockenperioden, wenn das Gießen einmal vergessen worden ist. Sie sparen Wasser, Zeit und Nervenkraft.

Donnerstag 23 MAI

Moon Power für Garten, Feld und Wald. Endivien können vom Säen zum richtigen Zeitpunkt profitieren: Sie sollten Ende Mai, Anfang Juni in die Erde kommen, ideal an den Blatttagen Krebs oder Skorpion. Sommerendivien ergeben einen köstlichen Salat und sind nicht so bitter. Schön dünn säen und später im Abstand von 15 × 15 cm setzen. Dann haben die Köpfe automatisch Halt aneinander und müssen nicht zusammengebunden werden. Alle Salatbeete beglücken wir mit Zwiebeln, die wir später nach Bedarf herausnehmen. Die Zwiebeln in Ruhe lassen, nach der Reife einfach umknicken und noch einige Zeit stehen lassen.

Element:
Wasser
Tagesqualität:
Feuchte
Nahrungsqualität:
Kohlenhydrate
Pflanzenteil:
Blatt
Körperzone:
Geschlechtsorgane
Organsystem:
Nervensystem

14.52

Skorpion
Vollmond

Freitag

24

MAI

Element:
Feuer
Tagesqualität:
Wärme
Nahrungsqualität:
Eiweiß, Frucht
Pflanzenteil:
Frucht
Körperzone:
Oberschenkel, Venen
Organsystem:
Sinnesorgane

Schütze
abnehmender Mond

Der Mond – Ihr guter Freund in Haushalt und Alltag. Im Laufe des Jahres werden Sie das Symbol für »Ernten und Lagern günstig« auch an Wochenenden finden, und nicht nur in der kalten Jahreszeit, sondern während des ganzen Jahres. Das Symbol gilt nämlich generell auch für günstige *Einkaufs-* und *Lagerzeitpunkte*, etwa für das Transportieren und Lagern von Gemüse aller Art. Wenn Sie die Möglichkeit dazu haben, legen Sie Ihre Großeinkäufe für den Vorrat generell in den abnehmenden Mond. Das verlängert die Haltbarkeit der guten Dinge. Beim Einfrieren ist das Achten auf den richtigen Zeitpunkt auch im Winter sinnvoll.

Samstag

25

MAI

Schön sein, schön bleiben. Ein häufiges Problem ist es, trotz aller Anstrengung und Selbstdisziplin immer nur an den »falschen« Stellen abzunehmen. Die gute Nachricht ist: Gezielte Gymnastik beispielsweise für die Oberschenkel wirkt an Schützetagen ganz besonders gut. Die Regel gilt für alle Problemzonen im Körper: Bewegung und Gymnastik an jenen Tagen, die für die Problemzone »zuständig« sind, wirkt doppelt erfolgreich. Also beispielsweise gezielte Gymnastik an Krebstagen sorgt für einen straffen Busen, an Zwillingetagen formen Sie schöne Oberarme. Für solche gezielten Übungen genügen drei Minuten täglich.

Schütze
abnehmender Mond

Element:
Feuer
Tagesqualität:
Wärme
Nahrungsqualität:
Eiweiß, Frucht
Pflanzenteil:
Frucht
Körperzone:
Oberschenkel, Venen
Organsystem:
Sinnesorgane

Element:
Erde
Tagesqualität:
Kälte
Nahrungsqualität:
Salz
Pflanzenteil:
Wurzel
Körperzone:
Knie, Knochen, Haut
Organsystem:
Kreislauf

Sonntag

26

MAI

Einfach zum Nachdenken

Während sie sich untereinander sagten,
es könne nicht getan werden,
wurde es von anderen getan.

Helen Keller

Steinbock
abnehmender Mond

Sparen mit dem Mondkalender – Zäune setzen. Günstig bei abnehmendem Mond oder Neumond, ideal an Stier, Jungfrau oder Steinbock. Wenn Sie den richtigen Zeitpunkt einhalten, werden die Zaunpfähle von selbst immer fester und lockern sich nicht mehr. Sie halten Belastungen wie starken Regenfällen stand, und große Schneemengen können ihnen nichts anhaben. Die Bretter halten ebenfalls besser. Die Nägel verbinden sich so fest mit dem Holz, dass Schrauben überflüssig werden. Sie sparen Zeit, Geld und mühseliges Nacharbeiten.

Montag

27

MAI

Element:
Erde
Tagesqualität:
Kälte
Nahrungsqualität:
Salz
Pflanzenteil:
Wurzel
Körperzone:
Knie, Knochen, Haut
Organsystem:
Kreislauf

Steinbock
abnehmender Mond

Dienstag

28

MAI

Element:
Luft
Tagesqualität:
Licht
Nahrungsqualität:
Fett
Pflanzenteil:
Blüte
Körperzone:
Unterschenkel, Venen
Organsystem:
Drüsensystem

Wassermann
abnehmender Mond

Schön sein, schön bleiben. Wie immer an Wassermanntagen sollten Sie nicht versäumen, den Unterschenkeln etwas Gutes zu tun. Schon eine kurze liebevolle Massage mit einem natürlichen Entschlackungsöl dankt diese Region mit einem ungeahnten Wohlgefühl im ganzen Körper. Wer sich zudem ein wenig mit Kneipp-Regeln und Kaltwasseranwendungen auskennt, der weiß um die wunderbare Wirkung solcher Wassergüsse. Und versäumen Sie nicht, regelmäßig an Steinbock und Wassermann die Kniekehlen sanft zu massieren, mit nach oben gerichteten Streichbewegungen. Das bringt sämtliche Energiebahnen im Körper auf Touren.

Mittwoch

29

MAI

Gesund bleiben, gesund werden. Die Wirkung der Farben von Nahrungsmitteln und auch der Kleidung, die Sie täglich tragen, lassen sich besonders sinnvoll im Laufe der Wanderung des Mondes durch den Tierkreis einsetzen. In den Wassermanntagen regiert beispielsweise die »Tagesfärbung« Gelb: Gelb unterstützt Leber und Galle und trägt zur geistigen Entfaltung bei. Die Farbe fördert Schulübungen, Lernaufgaben, konzentriertes Denken. Es ist übrigens gleichgültig, ob Sie die gewählte Farbe in der Kleidung unter anderen Kleidungsstücken tragen. Die Farbwirkung ist dieselbe.

Wassermann
abnehmender Mond

Element:
Luft
Tagesqualität:
Licht
Nahrungsqualität:
Fett
Pflanzenteil:
Blüte
Körperzone:
Unterschenkel, Venen
Organsystem:
Drüsensystem

Donnerstag

30

MAI

Fronleichnam

Element:
Luft
Tagesqualität:
Licht
Nahrungsqualität:
Fett
Pflanzenteil:
Blüte
Körperzone:
Unterschenkel, Venen
Organsystem:
Drüsensystem

Einfach zum Nachdenken

Groll mit uns herumtragen
ist wie das Greifen nach einem glühenden Stück Kohle
in der Absicht, es nach jemandem zu werfen.
Wir verbrennen uns dabei nur selbst.

Buddha

Wassermann
abnehmender Mond

Freitag

31

MAI

Moon Power für Garten, Feld und Wald. Der heutige Tag bringt die letzte ideale Möglichkeit im Jahr, Kartoffeln zu setzen. Natürlich auch in Abhängigkeit von Klima und Region. Im Bergland kommt es nicht selten vor, dass erst im Juni gesetzt wird. Der abnehmende Mond im Tierkreiszeichen Fische als idealer Setzzeitpunkt ist ein reiner Erfahrungswert, erklären können wir ihn nicht. Das ist aber ja nicht weiter schlimm und ist bei der Anwendung des Mondwissens ja schon beinahe normal. Wenn Sie zum falschen Zeitpunkt bei zunehmendem Mond setzen, wachsen die Kartoffeln oft aus der Erde, werden grün und damit ungenießbar bis giftig.

Element:
Wasser
Tagesqualität:
Feuchte
Nahrungsqualität:
Kohlenhydrate
Pflanzenteil:
Blatt
Körperzone:
Füße, Zehen
Organsystem:
Nervensystem

Fische
abnehmender Mond

Samstag

1

JUNI

Element:
Wasser
Tagesqualität:
Feuchte
Nahrungsqualität:
Kohlenhydrate
Pflanzenteil:
Blatt
Körperzone:
Füße, Zehen
Organsystem:
Nervensystem

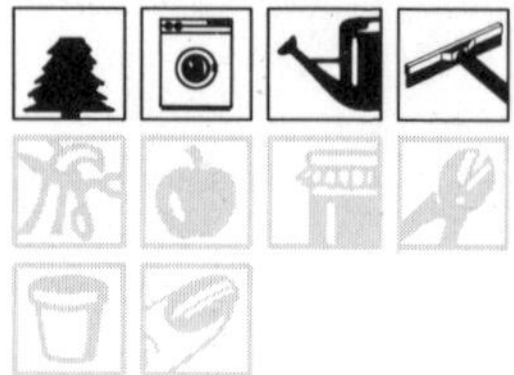

Fische
abnehmender Mond

Gesund bleiben, gesund werden. Vorbeugen und Heilen – das gelingt zum richtigen Zeitpunkt leichter. In der Ernährung wäre es heute wichtiger als sonst, auf Qualität und bio zu achten. Der letzte Fischetag vor Widder macht den Stoffwechsel empfindlicher. So mancher wird das Widderwochenende mit Kopfschmerzen verbringen, ohne die Ursache zu ahnen. Neben der Ernährung kommen auch andere Faktoren hinzu wie etwa der Entspannungsstress am Wochenende. Viele gönnen sich ein echtes Zurückschalten nicht beziehungsweise schaffen es nicht, weil private Pflichten sich häufen. Das löst schnell Kopfschmerz aus.

Sonntag

2

JUNI

Einfach zum Nachdenken

Neun Zehntel der Weisheit bestehen darin,
zum richtigen Zeitpunkt weise zu sein.

Theodore Roosevelt

Widder
abnehmender Mond

Element:
Feuer
Tagesqualität:
Wärme
Nahrungsqualität:
Eiweiß, Frucht
Pflanzenteil:
Frucht
Körperzone:
Kopfbereich bis Oberkiefer
Organsystem:
Sinnesorgane

Element:
Feuer
Tagesqualität:
Wärme
Nahrungsqualität:
Eiweiß, Frucht
Pflanzenteil:
Frucht
Körperzone:
Kopfbereich bis Oberkiefer
Organsystem:
Sinnesorgane

Montag

3

JUNI

Widder
abnehmender Mond

Gesund bleiben, gesund werden. »Alles wächst mir über den Kopf!« Der Gedanke wirkt als Einladung für Migräne, besonders montags an Widdertagen. Ein wirksames Gegenmittel ist das Zulassen, dass etwas über den Kopf wächst, statt sich dagegen zu wehren. Beobachten Sie sich selbst und versuchen Sie, die Widdertage von Stress und Druck so gut es geht freizuhalten, und wenn das nicht möglich ist, lassen Sie wachsen, was wächst. Es wird niemals Ihren Kopf kosten, komme, was da wolle. Oftmals ist eine leichte Vergiftung mitverantwortlich für den Brummschädel, deshalb vorbeugen und viel klares Wasser trinken.

Dienstag

4

JUNI

Gesund bleiben, gesund werden. An Stiertagen wie heute und morgen reagieren die Rachenmandeln stärker auf Lebensmittel, die Sie eigentlich nicht vertragen. Diesen Zusammenhang können Sie nutzen, wenn Sie sich Notizen machen. Besonders schädlich sind Weizenmehl und das für Sie persönlich falsche Fett (Butter? Pflanzliche Öle/Fette?). Wer Weizenmehl nicht verträgt, hat meist auch Probleme mit den verschiedensten pflanzlichen Ölen. In diesem Fall sollten Sie auf pflanzliche Fette vorübergehend verzichten und beobachten, ob Dinkelmehl und Butter für Sie geeigneter sind.

Element:
Erde
Tagesqualität:
Kälte
Nahrungsqualität:
Salz
Pflanzenteil:
Wurzel
Körperzone:
Unterkiefer, Halsregion
Organsystem:
Kreislauf

Stier
abnehmender Mond

Mittwoch

5

JUNI

Element:
Erde
Tagesqualität:
Kälte
Nahrungsqualität:
Salz
Pflanzenteil:
Wurzel
Körperzone:
Unterkiefer, Halsregion
Organsystem:
Kreislauf

Stier
abnehmender Mond

Gesund bleiben, gesund werden. Heute empfehlen wir wieder eine sanfte Gymnastik für Stiertage – speziell geeignet für Bildschirmarbeit jeglicher Art! Falten Sie die Hände hinter dem Kopf – nicht im Nacken, sondern weiter oben. Lassen Sie dabei die Ellbogen entspannt herunterhängen. Und nun erlauben Sie dem Gewicht Ihrer Hände, den Kopf nach vorn sinken zu lassen, bis es nicht mehr weiter geht. So lange, bis der Nacken gedehnt ist und Sie fühlen, wie die Halswirbelsäule aufwacht und die Energien aus der unteren Wirbelsäule aufgenommen werden. Wiederholen Sie diese Bewegung mindestens zweimal – jeweils sieben Sekunden lang.

Donnerstag

6

JUNI

Gesund bleiben, gesund werden. Schulterprobleme und Gelenkschmerzen in Armen und Händen – bei Mond in Zwillinge machen sie sich oft bemerkbar. Da trifft es sich gut, dass Zwillingetage gleichzeitig die Energie bereithalten, um allen Maßnahmen für Schultern und Arme mehr Kraft und Wirkung zu verleihen (mit Ausnahme von Operationen!). Wenn Sie beispielsweise spüren, dass Geschicklichkeit und Fingerfertigkeit nachlassen, dann machen Sie heute und morgen einfach ein wenig »Fingergymnastik«. Dehnen, massieren, reiben – was auch immer sich gut anfühlt. Es wird seine Wirkung nicht verfehlen.

13.37

Zwillinge
Neumond

Element:
Luft
Tagesqualität:
Licht
Nahrungsqualität:
Fett
Pflanzenteil:
Blüte
Körperzone:
Schultern, Arme, Hände
Organsystem:
Drüsensystem

Element:
Luft
Tagesqualität:
Licht
Nahrungsqualität:
Fett
Pflanzenteil:
Blüte
Körperzone:
Schultern, Arme, Hände
Organsystem:
Drüsensystem

Freitag 7 JUNI

Einfach zum Nachdenken

Es ist eine Schwäche der Männer,
Frauen gegenüber stark erscheinen zu wollen.

Hildegard Knef

Zwillinge
zunehmender Mond

Mondrhythmen in Garten, Feld und Wald. Vielleicht haben Sie heute ein wenig Zeit, im Garten zu werkeln, denn wir erinnern jedes Jahr daran: Karotten zum Einlagern sollten Sie ausschließlich am 8. Juni säen, gleichgültig wie der Mond steht. Zwischen und neben die Karotten setzen wir selbst meist Ringelblumen als vorbeugende »Medizin«. Karotten sind unempfindlich und pflegeleicht. Das Aussäen ist ebenso unproblematisch wie das Ernten und Lagern. Nur ein Tipp noch für die Zukunft: Bei zunehmendem Mond sowie in den Tierkreiszeichen Fische und Jungfrau sollten Karotten nicht geerntet und gelagert werden, auch das Umschichten von Vorräten ist dann ungünstig.

Samstag 8 JUNI

Element:
Wasser
Tagesqualität:
Feuchte
Nahrungsqualität:
Kohlenhydrate
Pflanzenteil:
Blatt
Körperzone:
Brustbereich, Lunge
Organsystem:
Nervensystem

Krebs
zunehmender Mond

Sonntag

9

JUNI

Element:
Wasser
Tagesqualität:
Feuchte
Nahrungsqualität:
Kohlenhydrate
Pflanzenteil:
Blatt
Körperzone:
Brustbereich, Lunge
Organsystem:
Nervensystem

Krebs
zunehmender Mond

Einfach zum Nachdenken

Buddha sagt: Wenn ein weiser Mensch leidet,
so fragt er sich: »Was habe ich bisher getan,
um mich von meinem Leiden zu befreien?
Was kann ich noch tun, um es zu überwinden?«
Wenn aber ein törichter Mensch leidet, so fragt er:
»Wer hat mir das angetan?«

Thich Nhat Hanh

Montag

10

JUNI

Schön sein, schön bleiben. Zur Erinnerung: Der Haarschnitt an Löwetagen verleiht im Laufe der Zeit schönes dichtes Haar. Dennoch ist es kein »sicheres Mittel gegen Haarausfall«, weil uns Haare oft aufgrund von übersäuertem Gewebe (besonders bei Männern), Medikamentenwirkungen, Hormonumstellungen im Körper und seelischen Belastungen verlassen. Besonders nach einer Schwangerschaft oder in den Wechseljahren kommt Haarausfall verstärkt vor, doch das legt sich später wieder. Ein zusätzlicher Tipp: Entfernen Sie bei Löwe und Jungfrau keine Körperhaare, weil sie dann natürlich schnell und dicht nachwachsen.

Löwe
zunehmender Mond

Element:
Feuer
Tagesqualität:
Wärme
Nahrungsqualität:
Eiweiß, Frucht
Pflanzenteil:
Frucht
Körperzone:
Herzregion, Kreislauf
Organsystem:
Sinnesorgane

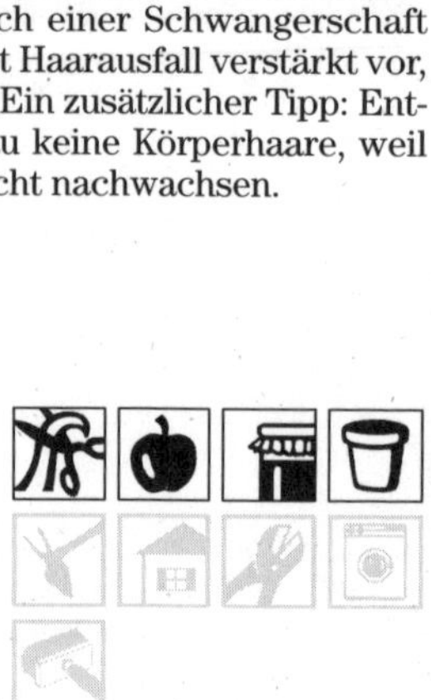

Dienstag

11

JUNI

Element:
Feuer
Tagesqualität:
Wärme
Nahrungsqualität:
Eiweiß, Frucht
Pflanzenteil:
Frucht
Körperzone:
Herzregion, Kreislauf
Organsystem:
Sinnesorgane

Löwe
zunehmender Mond

Moon Power für Garten, Feld und Wald. Der heutige Fruchttag erinnert uns an eine Erfahrung aus den letzten Jahren: Wir hatten unseren vollen Kompostbehälter (aus Holz, unten offen) umgeschichtet, um die fertige Gartenerde zu gewinnen. Das Unterste zuoberst also. Ganz unten, in der bis dahin genau zwei Jahre alten Schicht, leuchtete uns eine rötliche Kugel entgegen, fast völlig intakt, ignoriert von Regenwürmern und anderem Getier: ein Nicht-Bio-Apfel aus dem Supermarkt. Weil er damals nicht schmeckte, landete er auf dem Kompost. Wir können solche Kunstprodukte nicht verstoffwechseln, nicht einmal die Regenwürmer …

Mittwoch

12

JUNI

Humor ist gute Medizin – LehrerInnen erzählen. »Zum letzten Schultag des Jahres erhielt ich von meinen Erstklässlern wunderschöne handgeschriebene Briefe. Ich las sie laut vor, wurde aber von meinen Emotionen übermannt und erklärte den Schülern: ›Entschuldigt, aber das Lesen fällt mir schwer.‹ Ein Mädchen antwortete: ›Das macht nichts, reihen Sie einfach Buchstabe an Buchstabe, wenn Sie die Wörter nicht kennen.‹«

Element:
Feuer
Tagesqualität:
Wärme
Nahrungsqualität:
Eiweiß, Frucht
Pflanzenteil:
Frucht
Körperzone:
Herzregion, Kreislauf
Organsystem:
Sinnesorgane

Löwe
zunehmender Mond

Donnerstag

13

JUNI

Element:
Erde
Tagesqualität:
Kälte
Nahrungsqualität:
Salz
Pflanzenteil:
Wurzel
Körperzone:
Verdauungsorgane
Organsystem:
Kreislauf

Jungfrau
zunehmender Mond

Moon Power für Garten, Feld und Wald. Wenn hier im Laufe des Jahres das schwarz gedruckte Blumentopf-Symbol für »Umtopfen und Umsetzen günstig« auftaucht, soll es Sie daran erinnern, dass das Umsetzen und Umtopfen aller Pflanzen- und Baumarten begünstigt ist, auch das Umtopfen von Balkonpflanzen. Besonders gut gelingt an diesen Tagen das Aufforsten im Wald oder das Setzen von Alleebäumen. Späteres Nacharbeiten entfällt meistens. An Jungfrautagen lassen sich auch wild aufgegangene Bäumchen erfolgreich versetzen. *Nicht gemeint* ist hier die Arbeit mit Gemüsepflanzen. Salat beispielsweise würde heute schießen!

Freitag

14

JUNI

Schön sein, schön bleiben. LeserInnen fragen, der Mond antwortet: »Warum soll man sich die Haare nur bei Löwe im zunehmenden Mond schneiden? Löwe steht ja nur ein halbes Jahr lang im zunehmenden Mond.« Die Grundregeln sind ganz einfach: Haareschneiden ist immer gut bei Löwe und Jungfrau. Dauerwellen sind immer gut bei Jungfrau. In beiden Fällen ist es gleichgültig, ob der Mond zu- oder abnimmt. Nur für eine besondere »Kur« eignet sich der zunehmende Mond zum Schneiden besser, weil die Haare dann schneller und gesund wachsen. Lassen Sie sich also mal einige Monate lang die Haare immer bei Löwe schneiden und verzichten Sie bei Krebs und Fische auch aufs Haarewaschen.

Jungfrau
zunehmender Mond

Element:
Erde
Tagesqualität:
Kälte
Nahrungsqualität:
Salz
Pflanzenteil:
Wurzel
Körperzone:
Verdauungsorgane
Organsystem:
Kreislauf

Samstag

15

JUNI

Element:
Luft
Tagesqualität:
Licht
Nahrungsqualität:
Fett
Pflanzenteil:
Blüte
Körperzone:
Hüfte, Nieren, Blase
Organsystem:
Drüsensystem

Moon Power für Garten, Feld und Wald. Gut vorbereitet ist halb gewonnen: Alljährlich am 18. Juni gilt bis mittags, dass ausgerissene Pflanzen nicht mehr nachkommen. Diese uralte Regel sollten Sie einmal ausprobieren. Nur Abschneiden oder Abmähen genügt nicht, das unerwünschte Kraut muss mitsamt der Wurzel ausgerissen werden. Um sich nicht während des ganzen Jahres plagen zu müssen, ist ein solcher »Schwendtag« ideal und sollte möglichst genutzt werden. Laden Sie also am kommenden Dienstag ein paar Freunde zum Helfen ein und belohnen Sie sich dann mit einer guten Jause. Mit dieser Methode lassen sich auch lästige invasive Pflanzen in den Griff bekommen.

Waage
zunehmender Mond

Sonntag

16

JUNI

Einfach zum Nachdenken

Ein Kind, ein Lehrer, ein Buch und ein Stift
können die Welt verändern.

Malala Yousafzai

Element:
Luft
Tagesqualität:
Licht
Nahrungsqualität:
Fett
Pflanzenteil:
Blüte
Körperzone:
Hüfte, Nieren, Blase
Organsystem:
Drüsensystem

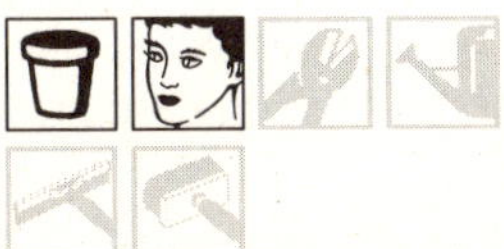

Waage
zunehmender Mond

Montag

17

JUNI

Element:
Luft
Tagesqualität:
Licht
Nahrungsqualität:
Fett
Pflanzenteil:
Blüte
Körperzone:
Hüfte, Nieren, Blase
Organsystem:
Drüsensystem

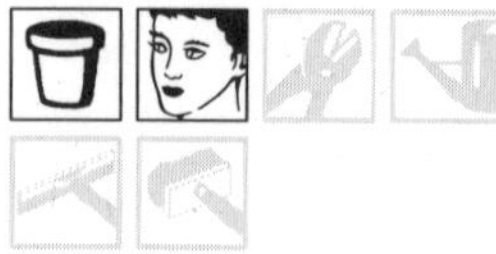

Waage
zunehmender Mond

Rezepte für die Ernährung, wie sie für uns gedacht ist – aus unserem neuen Buch *Alpha-Omega-Formel*: Pink-Moon-Suppe. Eines unserer Lieblingsgerichte!
Was Sie brauchen: 3 große Knollen Rote Bete (oder 6 kleine) / Ghee oder Sonnenblumenöl / ½ dünne Stange Lauch, klein gehackt / 2 cm frischen Ingwer, sehr klein gewürfelt (oder 1 TL Ingwerpulver) / 1 Chilischote, entkernt, grob geschnitten / 1 Dose Kokosmilch (400 ml) / 75 ml Wasser oder Gemüsebrühe / 1 gestrichenen TL Salz / 1 EL schwarze Senfkörner / 1 EL Limettensaft / Muskatnuss / Pfeffer / evtl. Chilipulver/Koriandergrün oder Petersilie, fein geschnitten, zum Servieren *(Lesen Sie morgen weiter)*

Dienstag

18

JUNI

(Fortsetzung von gestern) Und so geht's: Rote Bete putzen, in Backpapier einwickeln und im Ofen bei 200 °C 45–50 Minuten lang backen. Herausnehmen, die Knollen kurz abkühlen lassen und schälen. Ein Viertel einer Rote-Bete-Knolle in kleinere Würfel schneiden und beiseitelegen (oder die Hälfte einer kleinen Knolle). Die restlichen Rote Bete halbieren und in eher dünne Scheiben schneiden. Etwas Ghee in einem mittelgroßen Topf erhitzen. Lauch, Ingwer und Chilischote dazugeben. Eine Minute lang schmoren lassen, dann die in Scheiben geschnittene Rote Bete (außer dem in Würfel geschnittenen Viertel) hinzufügen, gründlich mischen und kurz rösten. *(Lesen Sie morgen weiter)*

Skorpion
zunehmender Mond

Element:
Wasser
Tagesqualität:
Feuchte
Nahrungsqualität:
Kohlenhydrate
Pflanzenteil:
Blatt
Körperzone:
Geschlechtsorgane
Organsystem:
Nervensystem

Mittwoch 19 JUNI

Element:
Wasser
Tagesqualität:
Feuchte
Nahrungsqualität:
Kohlenhydrate
Pflanzenteil:
Blatt
Körperzone:
Geschlechtsorgane
Organsystem:
Nervensystem

Skorpion
zunehmender Mond

(Fortsetzung von gestern) Kokosmilch, Wasser oder Gemüsebrühe und den gestrichenen Teelöffel Salz hinzufügen und bei schwacher Hitze 10–15 Minuten köcheln. Die Suppe nun etwas abkühlen lassen und im Hochleistungsmixer pürieren. Anschließend die Suppe in den Topf zurückgeben. Jetzt kommt ein Clou dieses Rezepts: Die schwarzen Senfkörner in eine Pfanne (mit Deckel) geben, zusammen mit etwas Ghee oder Sonnenblumenöl. Jetzt offen stark erhitzen und die Senfkörner mit dem Holz-Pfannenwender durch die Gegend schieben, bis sie zu springen anfangen. Sofort Deckel drauf! *(Lesen Sie morgen weiter)*

Donnerstag 20 JUNI

(Fortsetzung von gestern) Kurz den Duft genießen und dann die Pfanne von der Platte nehmen und den Senf samt Öl zur Suppe geben. Mit Limettensaft, Muskat, Pfeffer und vielleicht etwas Chilipulver abschmecken. Die beiseitegelegten Rote-Bete-Würfel zugeben und die Suppe mit Petersilie oder Koriandergrün bestreuen. Tipp für die »schnelle Küche«: Viele Lebensmittelmärkte bieten heute auch fertig gekochte Rote Bete in Bioqualität an. Sie sparen sich das Backen im Backofen. Guten Appetit!

Element:
Feuer
Tagesqualität:
Wärme
Nahrungsqualität:
Eiweiß, Frucht
Pflanzenteil:
Frucht
Körperzone:
Oberschenkel, Venen
Organsystem:
Sinnesorgane

Schütze
zunehmender Mond

Freitag

21

JUNI

Element:
Feuer
Tagesqualität:
Wärme
Nahrungsqualität:
Eiweiß, Frucht
Pflanzenteil:
Frucht
Körperzone:
Oberschenkel, Venen
Organsystem:
Sinnesorgane

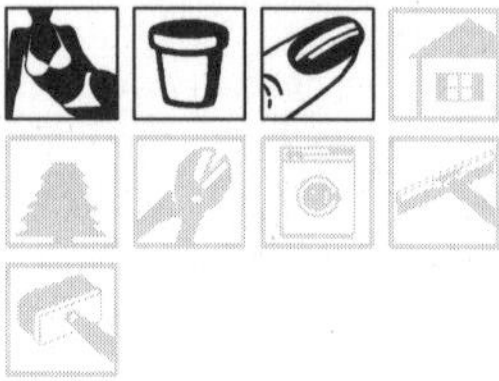

Schütze
zunehmender Mond

Vom Tagesrhythmus der Organe. Warum leisten Halbtagskräfte oftmals so viel wie Ganztagskräfte? Weil von 1 Uhr mittags bis 3 Uhr nachmittags der Dünndarm, der bei vielen Verdauungsprozessen die Hauptlast trägt, besonders gut arbeitet und sich vom übrigen Körper eine Pause wünscht. Herztätigkeit und Kreislauf sacken ab, und etwas Müdigkeit stellt sich ein. Vielleicht gelingt es Ihnen, sich (besonders bei Jungfrau) mal eine etwas längere Pause als üblich zu gönnen. Die Siesta der südlichen Länder ist also eine sehr weise Einrichtung.

Samstag

22

JUNI

Gesund bleiben, gesund werden. Für dieses Jahr taucht Steinbock morgen und übermorgen zum letzten Mal im abnehmenden Mond auf. Das bedeutet, dass alle Basteleien, Renovieren und auch Unkrautjäten besonders begünstigt sind! Morgen sind dann auch die Knie empfindlich, schonen Sie Ihre Gelenke vorbeugend. Viele Menschen hören mit geliebten Sportarten auf, weil sie manchmal Schmerzen verursachen. Würden Hobbysportler an manchen Tagen verzichten, dann hätten sie bis ins hohe Alter Freude daran. Also stornieren Sie heute die Tennis- oder Squashstunde, wenn Sie manchmal Knieschmerzen haben.

02.08

Schütze
Vollmond

Element:
Feuer
Tagesqualität:
Wärme
Nahrungsqualität:
Eiweiß, Frucht
Pflanzenteil:
Frucht
Körperzone:
Oberschenkel, Venen
Organsystem:
Sinnesorgane

Sonntag

23

JUNI

Element:
Erde
Tagesqualität:
Kälte
Nahrungsqualität:
Salz
Pflanzenteil:
Wurzel
Körperzone:
Knie, Knochen, Haut
Organsystem:
Kreislauf

Einfach zum Nachdenken

Nichts auf der Welt wird so sehr vermisst,
wenn es fehlt, und so sehr vernachlässigt,
wenn es da ist, wie die Gesundheit.

Ron Fischer

Steinbock
abnehmender Mond

Montag

24

JUNI

Der Mond – Ihr guter Freund in Haushalt und Alltag. Wenn es in den Fingern juckt und Sie am liebsten alle notwendigen Reparaturen rund um Haus und Wohnung auf einmal tun würden, dann ist Ihre Intuition auf dem richtigen Weg. Zur Erinnerung: Zwei unterschiedliche Stoffe, die dauerhaft verbunden werden sollen, sollten bei abnehmendem Mond zusammengefügt werden – gleichgültig ob durch Verputzen, Malern, Kleben, Mischen, Verschmelzen, Zusammenschieben, Verschränken, Pressen, Zinken etc. Ideal bei Steinbock! Achten Sie aber auf eine »Nebenwirkung«. Wenn Sie ein Provisorium zusammenfügen, dauert der spätere Abbau länger!

Element:
Erde
Tagesqualität:
Kälte
Nahrungsqualität:
Salz
Pflanzenteil:
Wurzel
Körperzone:
Knie, Knochen, Haut
Organsystem:
Kreislauf

Steinbock
abnehmender Mond

Dienstag

25

JUNI

Element:
Luft
Tagesqualität:
Licht
Nahrungsqualität:
Fett
Pflanzenteil:
Blüte
Körperzone:
Unterschenkel, Venen
Organsystem:
Drüsensystem

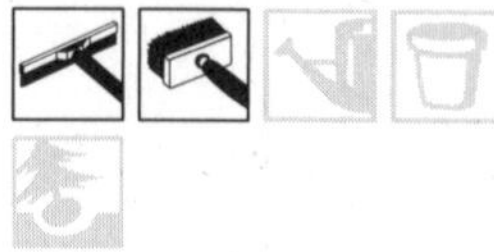

Wassermann
abnehmender Mond

Moon Power für Garten, Feld und Wald. Viele LeserInnen wollen endlich im Garten auf Chemie verzichten. Für diese lobenswerte Absicht hat die Natur einige Tipps parat: Pflücken Sie beispielsweise Brennnesseln, etwa die Menge zweier großer Blumensträuße, und geben Sie das Kraut in einen Eimer Wasser (etwa 10–15 Liter). Danach idealerweise 24 Stunden ziehen lassen, abseihen und etwas verdünnt in die Gießkanne füllen. Mit diesem Sud dann morgens oder abends schädlingsbefallene Blumen, Kräuter und Sträucher gießen. Notfalls an den kommenden Krebstagen wiederholen. Der Erfolg der Prozedur spricht für sich selbst.

Mittwoch

26

JUNI

Der besondere Tipp. Sie haben (endlich!) einen Urlaub vor sich? LeserInnen fragen öfter, ob der Mondkalender auch das Wetter zur geplanten Reisezeit vorhersagen kann, beispielsweise für einen Motorradurlaub. Verständlich, denn eine gewisse Garantie wäre schon fein. Die alten Wetterregeln sind aber heute leider kaum noch erfolgreich anwendbar. Sie besaßen früher Gültigkeit, aber stets nur in einem eng begrenzten Gebiet. Da genügte es, Form, Farbe und Geschwindigkeit der Wolken oder das Verhalten der Tiere zu beobachten, um für zwei oder drei Tage im Voraus das Wetter zu bestimmen.

Wassermann
abnehmender Mond

Element:
Luft
Tagesqualität:
Licht
Nahrungsqualität:
Fett
Pflanzenteil:
Blüte
Körperzone:
Unterschenkel, Venen
Organsystem:
Drüsensystem

Element:
Wasser
Tagesqualität:
Feuchte
Nahrungsqualität:
Kohlenhydrate
Pflanzenteil:
Blatt
Körperzone:
Füße, Zehen
Organsystem:
Nervensystem

Donnerstag

27

JUNI

Fische
abnehmender Mond

Gesund bleiben, gesund werden. Ein wichtiger Ernährungstipp: Alle selbst geernteten Wurzelkräuter und Wurzelgemüse sollten nicht gleich von Erde befreit und gewaschen werden, sondern erst vor dem Verbrauch oder der Weiterverarbeitung. Das gilt besonders für Wurzeln, die getrocknet und später gemahlen werden sollen. Die heutige Mode, alle Wurzelgemüse blitzblank gewaschen anzubieten, hat zur Folge, dass die Erntefrüchte schon viel an Vitaminen und Energie verloren haben, bevor sie in Pfanne, Kochtopf und Teller landen. Das gilt besonders für die B-Vitamine.

Freitag

28

JUNI

Sparen mit dem Mondkalender – Hecken schneiden. Günstig bei abnehmendem Mond in Krebs, Skorpion und Fische. Wenn Sie den richtigen Zeitpunkt einhalten, bleibt die Hecke nach dem Schnitt lebendig und verholzt nicht, das Blattwerk wächst schön dicht. Das Risiko der Lückenbildung ist gering. Zwischen verschiedenen Buscharten bilden sich schöne Übergänge. Sie sparen Zeit und Mühe.

Element:
Wasser
Tagesqualität:
Feuchte
Nahrungsqualität:
Kohlenhydrate
Pflanzenteil:
Blatt
Körperzone:
Füße, Zehen
Organsystem:
Nervensystem

Fische
abnehmender Mond

Samstag

29

JUNI

Element:
Feuer
Tagesqualität:
Wärme
Nahrungsqualität:
Eiweiß, Frucht
Pflanzenteil:
Frucht
Körperzone:
Kopfbereich bis Oberkiefer
Organsystem:
Sinnesorgane

Widder
abnehmender Mond

Gesund bleiben, gesund werden. Ein Tipp für den »Zähnetag« Widder: Als hervorragende natürliche Zahnputzmittel eignen sich Meersalz, Brottrunk oder verschiedene Kräutertees. Salbei und Kamille bei Entzündungen, Hirtentäschel bei stärkerem Zahnfleischbluten. Sie entfernen alle sowohl Zahnbeläge als auch kräftigen sie das Zahnfleisch. Eines der besten Mittel zur täglichen Zahnpflege ist Buchenholzasche. Sie erfüllt alle Anforderungen, die die Zahnheilkunde an ein »Putzmittel« stellt. Auch ein fortgeschrittener Zahnfleischschwund kann mit ihr gestoppt werden, wenn Massage- und Putzmethode stimmen.

Sonntag

30

JUNI

Einfach zum Nachdenken

Der Lohn für Anpassung ist,
dass Dich alle mögen,
außer Dir selbst.

Rita Mae Brown

Widder
abnehmender Mond

Element:
Feuer
Tagesqualität:
Wärme
Nahrungsqualität:
Eiweiß, Frucht
Pflanzenteil:
Frucht
Körperzone:
Kopfbereich bis Oberkiefer
Organsystem:
Sinnesorgane

Montag

1

JULI

Element:
Erde
Tagesqualität:
Kälte
Nahrungsqualität:
Salz
Pflanzenteil:
Wurzel
Körperzone:
Unterkiefer, Halsregion
Organsystem:
Kreislauf

Gesund bleiben, gesund werden. An Widder- und Stiertagen sind die Ringfinger empfindlich. Besonders in den frühen Morgenstunden wacht man nicht selten mit geschwollenen Fingern auf. Wenn Sie am Abend zuvor zu viel oder das Falsche gegessen haben, muss sich an Widder die Lunge unnötig anstrengen. Das sorgt nicht nur für unruhigen Schlaf, sondern es kommt auch zu Stauungen. Umfassen Sie als Abhilfe den Ringfinger mit der jeweils anderen Hand für kurze Zeit. Das hilft, die Blockaden auf natürliche Weise zu lockern. Widder und Stier sorgen bei Schlafmangel für den morgendlichen »traurigen Blick«.

Stier
abnehmender Mond

Dienstag

2

JULI

Gesund bleiben, gesund werden. Der besondere Tipp für die SängerInnen unter Ihnen: Die Energie der Stiertage im Mondrhythmus regiert auch die Stimmbänder. Wer beispielsweise einem Kirchenchor angehört oder wer heute einen Gesangsauftritt welcher Art auch immer hinlegen muss, sollte nach Möglichkeit drei Tage vorher keine Milchprodukte mehr zu sich nehmen, weil sie die Stimmbänder verschleimen. Viele vertragen vor Auftritten auch keinen Orangensaft. Milchprodukte sind bei ständig verschnupften Kindern und fürs Schnarchen die Hauptursache, besonders wenn sie regelmäßig auf dem Speiseplan stehen.

Element:
Erde
Tagesqualität:
Kälte
Nahrungsqualität:
Salz
Pflanzenteil:
Wurzel
Körperzone:
Unterkiefer, Halsregion
Organsystem:
Kreislauf

Stier
abnehmender Mond

Mittwoch

3

JULI

Element:
Luft
Tagesqualität:
Licht
Nahrungsqualität:
Fett
Pflanzenteil:
Blüte
Körperzone:
Schultern, Arme, Hände
Organsystem:
Drüsensystem

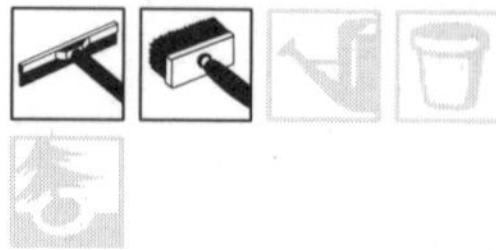

Zwillinge
abnehmender Mond

Gesund bleiben, gesund werden. Manche Dinge sind schon sehr merkwürdig, was den Mondeinfluss betrifft, etwa der Umstand, dass Schokolade an Zwillingetagen belastender auf den Stoffwechsel wirkt als sonst. Das kann sich unterschiedlich äußern – etwa als Kopfschmerzen, als starke Müdigkeit oder besonders bei Kindern als starke Unruhe, Nervosität und unkontrollierbarer Bewegungsdrang (der ja bei Kindern generell nach dem Verzehr von Süßigkeiten rasch einsetzt). Beobachten Sie, wie Schokolade auf Sie wirkt. Wir Menschen sind besonders auch in Bezug auf die Verträglichkeit bestimmter Nahrungsmittel sehr verschieden.

Donnerstag

4

JULI

Humor ist gute Medizin. Der berühmten Schauspielerin Sarah Bernhardt wurde ein ausschweifender Lebenswandel nachgesagt. Als sie eine Gastspielreise durch die USA unternahm, wetterte der Bischof von Chicago so heftig gegen sie von der Kanzel, dass ihm der Manager der Schauspielerin folgendes Schreiben sandte: »Monseigneur! Wenn ich in Ihre Stadt komme, pflege ich vierhundert Dollar für Reklamezwecke auszugeben. Da Sie mir jedoch diesmal die Arbeit abgenommen haben, sende ich Ihnen zweihundert Dollar für Ihre Armen.«

Zwillinge
abnehmender Mond

Element:
Luft
Tagesqualität:
Licht
Nahrungsqualität:
Fett
Pflanzenteil:
Blüte
Körperzone:
Schultern, Arme, Hände
Organsystem:
Drüsensystem

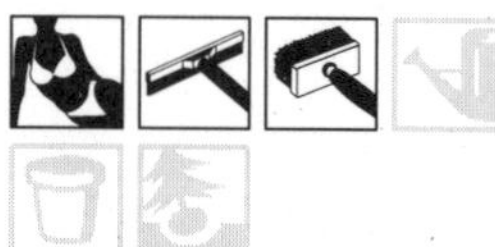

Element:
Wasser
Tagesqualität:
Feuchte
Nahrungsqualität:
Kohlenhydrate
Pflanzenteil:
Blatt
Körperzone:
Brustbereich, Lunge
Organsystem:
Nervensystem

Freitag

5

JULI

Der besondere Tipp. Der heutige Neumond gehört wieder zu den besten Tagen im Jahr für den Beginn von Vorhaben aller Art! Besonders weil auch noch kein »rückläufiger Merkur« herrscht. Der richtige Zeitpunkt für einen Neuanfang! Wenn Sie zum Beispiel eine belastende Ernährungsgewohnheit aufgeben wollen, dann spricht alles für einen guten Start. Die Entzugserscheinungen dauern nur wenige Tage und alles, was danach kommt, ist eine Frage von ein wenig Entschlusskraft. Die beste Methode: Die abgelöste Gewohnheit durch eine positive ersetzen, etwa Süßigkeiten durch getrocknete Früchte.

23.56

Krebs
Neumond

Der besondere Tipp. Häufige Frage an uns: Gibt es günstige Tage für Verhandlungen, Verträge und solche Dinge? Dazu können wir nur sagen: Unsere Mondkalender enthalten nur Hinweise zu Tätigkeiten, deren Erfolg tatsächlich vom Mond beeinflusst wird und die sich zur Aufnahme in einen Mondkalender eignen. Der Zeitpunkt von Verträgen ist sicherlich verschiedenen Einflüssen unterworfen, der Mondlauf gehört jedoch nur bedingt dazu. Generell lässt sich sagen, dass bei zunehmendem Mond intensivere Gespräche mit nachhaltigerer Wirkung möglich sind, das ist aber nicht unbedingt immer positiv.

Samstag

6

JULI

Element:
Wasser
Tagesqualität:
Feuchte
Nahrungsqualität:
Kohlenhydrate
Pflanzenteil:
Blatt
Körperzone:
Brustbereich, Lunge
Organsystem:
Nervensystem

Krebs
zunehmender Mond

Sonntag

7

JULI

Element:
Wasser
Tagesqualität:
Feuchte
Nahrungsqualität:
Kohlenhydrate
Pflanzenteil:
Blatt
Körperzone:
Brustbereich, Lunge
Organsystem:
Nervensystem

Krebs
zunehmender Mond

Einfach zum Nachdenken

Wir sind, was wir denken.
Alles, was wir sind,
entsteht in unseren Gedanken.
Mit unseren Gedanken
erschaffen wir die Welt.

Buddha

Montag

8

JULI

Gesund bleiben, gesund werden. Wie schon öfter erwähnt, spielt bei Löwe der Kreislauf manchmal ein wenig verrückt und kann zu Schlaflosigkeit oder manchmal sogar zu Herzproblemen führen. Wenn Sie schon einmal diese Erfahrung gemacht haben, hier ein altes Rezept zur Normalisierung: einen gehäuften Teelöffel Mistelkraut 12 Stunden in einem Viertelliter kaltem Wasser einweichen. Etwas anwärmen, abseihen und schluckweise trinken. Täglich drei Tassen davon und der Kreislauf kommt in Ordnung. Angenehmer Nebeneffekt: Auch ein gedämpfter Arbeitseifer kommt wieder in Schwung.

Löwe
zunehmender Mond

Element:
Feuer
Tagesqualität:
Wärme
Nahrungsqualität:
Eiweiß, Frucht
Pflanzenteil:
Frucht
Körperzone:
Herzregion, Kreislauf
Organsystem:
Sinnesorgane

Element:
Feuer
Tagesqualität:
Wärme
Nahrungsqualität:
Eiweiß, Frucht
Pflanzenteil:
Frucht
Körperzone:
Herzregion, Kreislauf
Organsystem:
Sinnesorgane

Dienstag 9 JULI

Löwe
zunehmender Mond

Moon Power für Garten, Feld und Wald. Zum Fruchttag Löwe ein Gartentipp: Wie fast alle Strauchbeeren sind Brombeeren unempfindlich und unkompliziert zu halten. Sie sollten sie erst im Frühjahr pflanzen, es sei denn, Sie können ihnen viel Raum bieten zum Wuchern. Über den Winter würden sich nämlich viele Jungtriebe bilden. Wie bei allen Strauchbeeren sollte der Rückschnitt nach der Ernte erfolgen, aber man kann sie auch bis in den Herbst hinein ständig stutzen. Wenn man Brombeeren sich selbst überlässt, entsteht sonst ein ziemliches Wirrwarr.

Mittwoch 10 JULI

Gesund bleiben, gesund werden. Gute Nachricht für die Jugend: Auch das Einsetzen und Pflegen von Zahnspangen kann vom guten Timing profitieren. Die Grundregeln auf einen Blick: Anpassen und erstmals Einsetzen günstig bei zunehmendem Mond, dabei Widder und Stier meiden. Bei abnehmendem Mond würde es öfter zu schmerzhaften Druckstellen kommen, was zahlreiche Nervenbahnen in der Mundhöhle negativ beeinflusst. Sensible Kinder fühlen sich dann scheinbar grundlos unter Druck und Stress. Spätere Nachstellarbeiten hingegen günstig bei abnehmendem Mond, aber wieder mit Ausnahme von Widder und Stier.

Element:
Erde
Tagesqualität:
Kälte
Nahrungsqualität:
Salz
Pflanzenteil:
Wurzel
Körperzone:
Verdauungsorgane
Organsystem:
Kreislauf

Jungfrau
zunehmender Mond

Donnerstag

11

JULI

Element:
Erde
Tagesqualität:
Kälte
Nahrungsqualität:
Salz
Pflanzenteil:
Wurzel
Körperzone:
Verdauungsorgane
Organsystem:
Kreislauf

Jungfrau
zunehmender Mond

Moon Power für Garten, Feld und Wald. Wir haben an dieser Stelle schon oft daran erinnert: Jungfrau ist das beste Zeichen für die Gartenarbeit. Natürlich steht der Mond monatlich immer nur zwei bis drei Tage lang im Zeichen Jungfrau, und auch das Wetter spielt nicht immer mit, doch was immer man an diesen Tagen an Pflanzarbeit schafft, lohnt jede Mühe. Gartenbaubetriebe, die auf die Arbeit zum richtigen Zeitpunkt Wert legen, konnten feststellen, dass sich die Ausfälle stark verringert haben – ein Kostenfaktor, der die Mühe der Ausarbeitung von Pflanzplänen nach dem Mond mehr als aufwiegt.

Freitag

12

JULI

Der besondere Tipp. Die Zahlen des Südens (2 und 7) im »Tiroler Zahlenrad« (siehe auch unser gleichnamiges Buch) machen den Juli zu einem besonderen Monat. Es bedeutet, dass Neugier und Erfindungsgeist in der »Luft liegen«. Diese Kräfte sind nützlich besonders in unserer Zeit, wenn Inspiration und Erfindungsgeist zum Gestalten einer guten Zukunft notwendiger denn je sind. Wer die Zusammenhänge nicht kennt, fühlt nur eine eigenartige Unruhe und »kennt sich nicht aus«, denn es liegt auch Ungeduld in der Luft. Bleiben Sie gelassen und setzen Sie gute Ideen zielbewusst um.

Jungfrau
zunehmender Mond

Element:
Erde
Tagesqualität:
Kälte
Nahrungsqualität:
Salz
Pflanzenteil:
Wurzel
Körperzone:
Verdauungsorgane
Organsystem:
Kreislauf

Samstag 13 JULI

Element:
Luft
Tagesqualität:
Licht
Nahrungsqualität:
Fett
Pflanzenteil:
Blüte
Körperzone:
Hüfte, Nieren, Blase
Organsystem:
Drüsensystem

Vom Tagesrhythmus der Organe. Die Harnblase, ein wichtiges Entgiftungsorgan, arbeitet von 3 bis 5 Uhr nachmittags besonders gut. Wenn Sie bei schönem Wetter einen Strauß weiße Taubnesseln sammeln und in eine Vase stellen, können Sie – vom Wetter unabhängig – viele Tage lang Blüten abzupfen und zu einem hervorragenden Blasentee verarbeiten, der vorbeugend gegen Blaseninfektionen wirkt, ideal zwischen 3 und 5 Uhr nachmittags getrunken! Nebenbei bemerkt: Bei zunehmendem Mond im Skorpion gepflückt erhalten Sie den besten Heiltee, also noch auf den Montag warten.

Waage
zunehmender Mond

Sonntag 14 JULI

Einfach zum Nachdenken

Solange man redet, erfährt man nichts.

Marie von Ebner-Eschenbach

Element:
Luft
Tagesqualität:
Licht
Nahrungsqualität:
Fett
Pflanzenteil:
Blüte
Körperzone:
Hüfte, Nieren, Blase
Organsystem:
Drüsensystem

Waage
zunehmender Mond

Montag

15

JULI

Element:
Wasser
Tagesqualität:
Feuchte
Nahrungsqualität:
Kohlenhydrate
Pflanzenteil:
Blatt
Körperzone:
Geschlechtsorgane
Organsystem:
Nervensystem

Skorpion
zunehmender Mond

Gesund bleiben, gesund werden. Skorpion ist immer der ideale Kräutersammeltag! Machen Sie einmal einen Versuch: Zerreiben Sie selbst gesammelte und getrocknete Salbeiblätter aus dem Garten zwischen den Fingern und atmen Sie ihren Duft ein. Und tun Sie dann dasselbe mit gekauften Salbeiblättern aus dem Supermarkt oder Gartencenter. Genießen Sie den Unterschied und vertrauen Sie dieser Erfahrung. Bei Heilkräutern ist der Sammelzeitpunkt sehr wichtig. Das Aroma und die Heilkräfte sollen schließlich auch in getrocknetem Zustand erhalten bleiben. Der richtige Zeitpunkt schließt sie gleichsam ein.

Dienstag

16

JULI

Rezepte für die Ernährung, wie sie für uns gedacht ist – aus unserem neuen Buch *Alpha-Omega-Formel*: Pappardelle mit Kürbiskerncreme. Was Sie brauchen: 400 g Pappardelle oder breite Tagliatelle / 130 g Kürbiskerne / 2 EL Hefeflocken / 150 ml Gemüsebrühe (und etwa 200 ml Gemüsebrühe extra bereitstellen) / 3 EL Zitronensaft / ¼ TL Agavendicksaft / jeweils 1 TL Majoran, Oregano und Basilikum / ½ TL Paprikapulver, geräuchert / Salz, Pfeffer.
Weiter: Olivenöl oder Sonnenblumenöl / 1 Knoblauchzehe, klein gehackt / 400 g Pfifferlinge oder andere Pilze, geputzt und mundgerecht geschnitten / evtl. frische Petersilie oder Koriandergrün zum Servieren. *(Lesen Sie morgen weiter)*

Skorpion
zunehmender Mond

Element:
Wasser
Tagesqualität:
Feuchte
Nahrungsqualität:
Kohlenhydrate
Pflanzenteil:
Blatt
Körperzone:
Geschlechtsorgane
Organsystem:
Nervensystem

Mittwoch

17

JULI

Element:
Wasser
Tagesqualität:
Feuchte
Nahrungsqualität:
Kohlenhydrate
Pflanzenteil:
Blatt
Körperzone:
Geschlechtsorgane
Organsystem:
Nervensystem

(Fortsetzung von gestern) Und so geht's: Kürbiskerne mit kochendem Wasser aufgießen und 30 Minuten stehen lassen, dann abseihen und zusammen mit den restlichen Zutaten der Creme in den Mixer geben und gründlich pürieren. Eventuell etwas Gemüsebrühe nachgießen, damit die Paste nicht zu trocken wird und an den Mixerwänden hängen bleibt. Mit Salz und Pfeffer abschmecken. Inzwischen auch die Pasta vorbereiten. Olivenöl in einer Bratpfanne erhitzen. Knoblauch dazugeben und 30 Sekunden dünsten, Pilze hinzufügen und 3–4 Minuten unter Rühren brutzeln lassen, anschließend die Kürbiscreme aus dem Mixer dazugeben und 3 Minuten köcheln lassen. *(Lesen Sie morgen weiter)*

Skorpion
zunehmender Mond

Donnerstag

18

JULI

(Fortsetzung von gestern) Die Pasta separat servieren oder gleich in die Bratpfanne mit dem Pilz-Kürbiskern-Mix geben, verrühren und 1–2 Minuten lang erhitzen. Heiß, mit Petersilie oder Koriandergrün und schwarzem Pfeffer bestreut, servieren.

Das Gericht schmeckt auch hervorragend mit Kartoffelpuffern oder Kartoffelpüree! Zur Bärlauchsaison könnten Sie auch den Knoblauch weglassen und stattdessen einige Blätter Bärlauch mit in die Kürbiscreme mixen. Ein feines, leichtes Sommergericht!

Element:
Feuer
Tagesqualität:
Wärme
Nahrungsqualität:
Eiweiß, Frucht
Pflanzenteil:
Frucht
Körperzone:
Oberschenkel, Venen
Organsystem:
Sinnesorgane

Schütze
zunehmender Mond

Freitag

19

JULI

Element:
Feuer
Tagesqualität:
Wärme
Nahrungsqualität:
Eiweiß, Frucht
Pflanzenteil:
Frucht
Körperzone:
Oberschenkel, Venen
Organsystem:
Sinnesorgane

Schütze
zunehmender Mond

Gesund bleiben, gesund werden. Sie spüren manchmal Ihre Gelenke? Manchmal passiert das an Zwillinge- und Schützetagen, doch der eigentliche Grund für dieses Zusammentreffen liegt oft in einem Wetterumschwung. Wenn auch noch Neumond oder Vollmond (am Sonntag!) herrscht, kann man beinahe fest damit rechnen. Wenn Sie also heute Wetterabhängiges planen, richten Sie sich entsprechend darauf ein. Den Gelenken können Sie außerdem am besten helfen, wenn Sie tierisches Eiweiß in Ihrer Ernährung langsam reduzieren. Auch Eiskrem mit Sahne belastet die Gelenke, spürbar aber meist erst am nächsten Morgen.

Samstag

20

JULI

Gesund bleiben, gesund werden. Zur Erinnerung für den morgigen Vollmondtag: Eine »Mondkur« gehört zu den wenigen Diätformen, um mit dauerhaftem Erfolg auf gesunde Weise abzunehmen. Versuchen Sie es einmal: Bei abnehmendem Mond essen, was Sie gewohnt sind. Der Körper nimmt ohnehin nicht so gut auf, was man ihm zuführt. Achten Sie dann bei zunehmendem Mond darauf, etwas weniger als normal zu essen, und legen Sie immer bei Vollmond und Neumond einen Fastentag ein. Bei Vollmond speichert der Körper am wirkungsvollsten, und bei Neumond entgiftet er am besten. Nach einigen Wochen wartet eine gute Erfahrung auf Sie.

Steinbock
zunehmender Mond

Element:
Erde
Tagesqualität:
Kälte
Nahrungsqualität:
Salz
Pflanzenteil:
Wurzel
Körperzone:
Knie, Knochen, Haut
Organsystem:
Kreislauf

Element:
Erde
Tagesqualität:
Kälte
Nahrungsqualität:
Salz
Pflanzenteil:
Wurzel
Körperzone:
Knie, Knochen, Haut
Organsystem:
Kreislauf

Sonntag 21 JULI

11.16

Steinbock
Vollmond

Einfach zum Nachdenken

Das Gegenteil der Heiligen sind nicht die Sünder, sondern die Scheinheiligen.

Glenn Close

Montag 22 JULI

Der Mond – Ihr guter Freund in Haushalt und Alltag. Manche textile Mitbewohner – Teppiche, Sofabezüge, Vorhänge usw. – müssen zwar selten gereinigt werden, aber dennoch, es kommt einmal der Tag. Wenn es so weit ist, bitte unbedingt den abnehmenden Mond wählen! Nur so können Sie verhindern, dass der Erfolg nur von kurzer Dauer ist oder dass das gute Stück seltsam »muffelt«. Bei starker Verschmutzung wäre zusätzlich ein Wassertag (Krebs, Skorpion, Fische) von Vorteil. Übrigens: An Steinbock keine schwarzen Kleidungsstücke in die Reinigung geben. Sie bekommen die gefürchteten Glanzstellen.

Element:
Luft
Tagesqualität:
Licht
Nahrungsqualität:
Fett
Pflanzenteil:
Blüte
Körperzone:
Unterschenkel, Venen
Organsystem:
Drüsensystem

Wassermann
abnehmender Mond

Dienstag

23

JULI

Element:
Luft
Tagesqualität:
Licht
Nahrungsqualität:
Fett
Pflanzenteil:
Blüte
Körperzone:
Unterschenkel, Venen
Organsystem:
Drüsensystem

Wassermann
abnehmender Mond

Der besondere Tipp. Vielleicht finden Sie heute und morgen eine ruhige Minute fürs Meditieren. Wir würden es Ihnen wünschen, speziell in der heutigen Zeit. An Wassermanntagen wäre es sinnvoll, sich die Unterschenkel einige Minuten lang in farbiges Licht getaucht vorzustellen. Und zwar oben Hellblau und dann ein kräftigeres Blau an den Knöcheln. Wenn Sie darin keine Übung haben, schließen Sie einfach die Augen, stellen Sie sich ein farbiges Tuch vor und hüllen Sie mit dem Tuch die Unterschenkel ein. Diese Form der Meditation wirkt kräftigend, ausgleichend und heilend auf Unterschenkel und Venen. Unser kleines Buch »Meditieren zum richtigen Zeitpunkt« gibt Anleitung.

Mittwoch

24

JULI

Der besondere Tipp. Manche LeserInnen fragen uns, ob es Zusammenhänge zwischen dem eigenen Geburts-Tierkreiszeichen und dem jeweiligen Mondkalender-Tierkreiszeichen gibt. Es ist tatsächlich keine Seltenheit, sich sentimental oder leicht depressiv zu fühlen, wenn der Mond im selben Tierkreiszeichen steht wie das eigene Sonnenzeichen. Auffällig ist, dass es bei Krebs und Fische besonders häufig passiert. Vielfach hilft es, sich schon vorher gegen die Atmosphäre dieser Tage zu schützen, indem man beispielsweise Johanniskrauttee trinkt, der wie »gespeichertes Licht« und stimmungsaufhellend wirkt.

Fische
abnehmender Mond

Element:
Wasser
Tagesqualität:
Feuchte
Nahrungsqualität:
Kohlenhydrate
Pflanzenteil:
Blatt
Körperzone:
Füße, Zehen
Organsystem:
Nervensystem

Element:
Wasser
Tagesqualität:
Feuchte
Nahrungsqualität:
Kohlenhydrate
Pflanzenteil:
Blatt
Körperzone:
Füße, Zehen
Organsystem:
Nervensystem

Donnerstag

25

JULI

Fische
abnehmender Mond

Schön sein, schön bleiben. Alljährlich der vielleicht wichtigste Körperpflegetipp für den Sommer: Schließen Sie Freundschaft mit der Sonne und setzen Sie sich ihren heilenden und lebensspendenden Strahlen nur so lange aus, bis die Haut »Genug!« sagt. Nehmen Sie der Haut nicht ihre Stimme mit der übermäßigen Anwendung chemischer Schutz- und Bräunungsmittel. Diese Mittel betäuben nur Ihr natürliches Gespür. Schatten ist der beste Sonnenschutz, der zweitbeste sind biologische Sonnenschutzmittel für kurze Zeiten in der prallen Sonne.

Freitag

26

JULI

Gesund bleiben, gesund werden. Thema heute am »Augentag« Widder: Tränensäcke, ein häufiges Symptom, von vielen als unvermeidliche Alterserscheinung abgetan. Wie entstehen sie? In erster Linie sollten Sie auf eine gute Lungenfunktion achten, in zweiter Linie auf die Gesundheit der Nieren. Auch Eisenmangel führt zu dunklen Ringen unter den Augen. Eisenmangel entsteht oftmals nicht durch zu wenig Eisen, sondern weil das Eisen nicht aufgenommen werden kann. Der Grund ist nicht selten Kupfermangel, denn erst Kupfer sorgt für eine gute Aufnahme von Eisen. Ein Kupferarmband kann hier gute Dienste leisten.

Widder
abnehmender Mond

Element:
Feuer
Tagesqualität:
Wärme
Nahrungsqualität:
Eiweiß, Frucht
Pflanzenteil:
Frucht
Körperzone:
Kopfbereich bis Oberkiefer
Organsystem:
Sinnesorgane

Samstag

27

JULI

Element:
Feuer
Tagesqualität:
Wärme
Nahrungsqualität:
Eiweiß, Frucht
Pflanzenteil:
Frucht
Körperzone:
Kopfbereich bis Oberkiefer
Organsystem:
Sinnesorgane

Widder
abnehmender Mond

Der Mond – Ihr guter Freund in Haushalt und Alltag. Jedem Teppich tut es gut, einmal kräftig ausgelüftet zu werden. Das sollte immer bei abnehmendem Mond geschehen. Besonders wenn es um wertvolle Teppiche geht, sollten Sie zusätzlich auf einen Wärmetag (Widder, Löwe, Schütze) achten. Motten haben dann keine Chance. Den Lichttagen Zwillinge, Waage und Wassermann sollten Sie aus dem Weg gehen, weil sie stark bleichend wirken. Teppichknüpfer im Orient wussten das und ließen die guten Stücke draußen in der Sonne liegen, um allzu grelle Farben in eine zartere Farbgebung zu verwandeln.

Sonntag

28

JULI

Einfach zum Nachdenken

Sie sind einzigartig,
und wenn das nicht so ist,
dann ist etwas verloren gegangen.

Martha Graham

Stier
abnehmender Mond

Element:
Erde
Tagesqualität:
Kälte
Nahrungsqualität:
Salz
Pflanzenteil:
Wurzel
Körperzone:
Unterkiefer, Halsregion
Organsystem:
Kreislauf

Element:
Erde
Tagesqualität:
Kälte
Nahrungsqualität:
Salz
Pflanzenteil:
Wurzel
Körperzone:
Unterkiefer, Halsregion
Organsystem:
Kreislauf

Montag 29 JULI

Moon Power für Garten, Feld und Wald. Ein Tipp für die unermüdlichen Gartenfans: Alles, was es im Garten zu befestigen gilt, sollten Sie heute und morgen machen, etwa Gerätehäuschen bauen, Reparaturarbeiten, Stangen setzen für Tomaten, Platten verlegen. Alles bleibt stabil und verbindet sich gut mit der Erde. Stiertage bei abnehmendem Mond sind eine gute Alternative zu Steinbock, welcher für diese Zwecke noch geeigneter wäre. Weil Steinbock im abnehmenden Mond nur von Januar bis Juni im Mondkalender auftaucht, ist Stier später im Jahr ein höchst willkommener Ausweichtermin.

Stier
abnehmender Mond

Dienstag 30 JULI

Der besondere Tipp. Zwillingetage bringen oft eine eigentümliche Energie. Vielleicht kennen Sie das: Sie nehmen Anlauf, um eine bestimmte Jeans zu kaufen – und kommen mit einer Bluse nach Hause, die dann nur bei Ihnen herumliegt. Oder Sie wollen mutig endlich mal eine Strecke zu Fuß gehen und landen dann doch wieder in der U-Bahn. Zwillingetage sind so: eine Energie der Zerstreuung und Unentschlossenheit, besonders wenn gleichzeitig abnehmender Mond herrscht. Abhilfe? Konsequent bleiben und nicht zu viel grübeln. Information und Entscheidungskraft sind das beste Gegenmittel.

Element:
Luft
Tagesqualität:
Licht
Nahrungsqualität:
Fett
Pflanzenteil:
Blüte
Körperzone:
Schultern, Arme, Hände
Organsystem:
Drüsensystem

Zwillinge
abnehmender Mond

Mittwoch

31

JULI

Element:
Luft
Tagesqualität:
Licht
Nahrungsqualität:
Fett
Pflanzenteil:
Blüte
Körperzone:
Schultern, Arme, Hände
Organsystem:
Drüsensystem

Zwillinge
abnehmender Mond

Gesund bleiben, gesund werden. Wenn Sie in der letzten Zeit Blütenkräuter gesammelt und zum Trocknen hergerichtet haben – etwa Kamille, Ringelblume, Johanniskraut usw. –, dann ist heute der ideale Zeitpunkt, die guten Dinge für den Vorrat in dunkle Gläser oder Papiertüten umzufüllen. Sie bleiben viel länger wirkkräftig und halten lange. Wichtig wäre natürlich, sie dunkel und vor allem trocken zu lagern. Kleine Sünden gegen den gesunden Menschenverstand kann auch der Mondkalender nicht immer korrigieren. Spezialtipp: Johanniskrauttee nicht im Sommer trinken, weil sonst die Augen lichtempfindlich werden.

Donnerstag

1

AUGUST

Schweizer Nationalfeiertag

Einfach zum Nachdenken

In steter Veränderung ist diese Welt.
Wachstum und Verfall sind ihre wahre Natur.
Die Dinge erscheinen und lösen sich wieder auf.
Glücklich ist, wer sie einfach nur friedvoll betrachtet.

Buddha

Zwillinge
abnehmender Mond

Element:
Luft
Tagesqualität:
Licht
Nahrungsqualität:
Fett
Pflanzenteil:
Blüte
Körperzone:
Schultern, Arme, Hände
Organsystem:
Drüsensystem

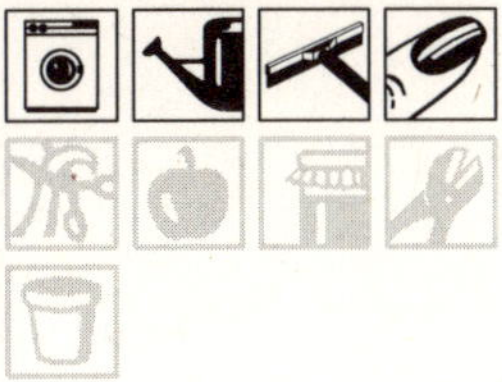

Element:
Wasser
Tagesqualität:
Feuchte
Nahrungsqualität:
Kohlenhydrate
Pflanzenteil:
Blatt
Körperzone:
Brustbereich, Lunge
Organsystem:
Nervensystem

Freitag 2 AUGUST

Krebs
abnehmender Mond

Gesund bleiben, gesund werden. Am Blatttag Krebs ein besonderer Tipp: Die chemisch isolierten Wirkstoffe eines Heilkrauts haben bei Weitem nicht dieselbe Wirkung wie die Ganzheit der Pflanze. Natürlich enthalten Heilpflanzen Stoffe, die »überflüssig« zu sein scheinen. Vergessen wird dabei, dass sie die Natur in ihrer Weisheit auch deshalb in die Pflanze eingebaut hat, damit sie als Schutz gegen Überdosierungen wirken. Die Natur arbeitet meist nicht so umständlich, dass sie uns erst zwingt, aus den Kräutern mit viel Mühe, Aufwand und Kosten das Echte herauszulösen, bevor es uns dienstbar wird.

Samstag 3 AUGUST

Aus dem Mondlexikon – A wie »Absteigender Mond«. So bezeichnet man jene vierzehn Tage, in denen der Mond die Tierkreiszeichen Zwillinge, Krebs, Löwe, Jungfrau, Waage, Skorpion und Schütze durchwandert. Dabei ist es gleichgültig, ob der Mond zu- oder abnimmt. Der Begriff ist nur in Garten und Landwirtschaft von Bedeutung, wo die Zeit des absteigenden Mondes eine Alternative bietet für Arbeiten, für die man bei anderen Mondphasen keine Zeit gefunden hat, etwa zum Pflanzen. Bei absteigendem Mond ziehen die Säfte mehr nach unten und fördern die Wurzelbildung.

Element:
Wasser
Tagesqualität:
Feuchte
Nahrungsqualität:
Kohlenhydrate
Pflanzenteil:
Blatt
Körperzone:
Brustbereich, Lunge
Organsystem:
Nervensystem

Krebs
abnehmender Mond

Sonntag

4

AUGUST

Element:
Feuer
Tagesqualität:
Wärme
Nahrungsqualität:
Eiweiß, Frucht
Pflanzenteil:
Frucht
Körperzone:
Herzregion, Kreislauf
Organsystem:
Sinnesorgane

12.12

Löwe
Neumond

Einfach zum Nachdenken

Gewiss wäre diese Welt ein Paradies,
wenn jeder nur die Hälfte von dem täte,
was er von anderen verlangt.

Valerie von Martens

Montag

5

AUGUST

Rezepte für die Ernährung, wie sie für uns gedacht ist – aus unserem neuen Buch *Alpha-Omega-Formel*: Grünkernschrotsuppe. Dieses Süppchen bringt jeden auf die Beine! Was Sie brauchen: etwa 100 g Grünkernschrot / 2 Zwiebeln, gewürfelt / etwas Butter / etwa 1 l Gemüsebrühe / 3 Karotten, fein geschnitten / ½ Stange Lauch, in feine Ringe geschnitten / Gewürze nach Belieben / Salz, Pfeffer.
Und so geht's: Grünkernschrot in einem Topf erhitzen, Zwiebeln und etwas Butter zugeben und kurz mitrösten. Mit der Gemüsebrühe aufgießen und mit Karotten und Lauch weich kochen. Nach Belieben mit Gewürzen, Salz und Pfeffer abschmecken. *(Lesen Sie morgen weiter)*

Löwe
zunehmender Mond

Element:
Feuer
Tagesqualität:
Wärme
Nahrungsqualität:
Eiweiß, Frucht
Pflanzenteil:
Frucht
Körperzone:
Herzregion, Kreislauf
Organsystem:
Sinnesorgane

Element:
Erde
Tagesqualität:
Kälte
Nahrungsqualität:
Salz
Pflanzenteil:
Wurzel
Körperzone:
Verdauungsorgane
Organsystem:
Kreislauf

Dienstag 6 AUGUST

(Fortsetzung von gestern) Als Omega-Typ tauschen Sie einfach die Zwiebeln gegen 3 Knoblauchzehen, klein geschnitten, verwenden statt Butter ein wenig Pflanzenöl und etwas weniger Karotten oder Sie verwenden gleich neutrales Wurzelgemüse (Pastinaken etc.). Die Suppe ist ideal, um zu lernen, nach Gespür zu kochen und nicht nach den Buchstaben des Kochbuchs, nach Mengenangaben und anderen Fesseln Ihres Gefühls. Guten Appetit! Wenn Sie Ihren Ernährungstyp Alpha oder Omega noch nicht kennen: Wir senden Ihnen gerne kostenlos die Basisinfo zu. Schreiben Sie an: vrz@aon.at

Jungfrau
zunehmender Mond

Mittwoch 7 AUGUST

Humor ist gute Medizin. Ein Schwätzer wollte vom großen Philosophen Sokrates die Kunst der Rede lernen. So brach er nach Athen auf, um sich ein Angebot von Sokrates unterbreiten zu lassen. Einige Zeit später stand er vor dem griechischen Philosophen und schaute verdutzt auf das Angebot des Sokrates. »Gerne wäre ich dein Schüler, Sokrates. Ich bin Kaufmann und habe mich natürlich erkundigt über deine Preise. Nun verlangst du von mir doppelt so viel Honorar wie von anderen. Ich verstehe es nicht. Darf ich fragen, was der Grund dafür ist?«, fragte der Schwätzer. Sokrates antwortete: »Weil ich dir sowohl das Sprechen als auch das Schweigen beibringen muss!«

Element:
Erde
Tagesqualität:
Kälte
Nahrungsqualität:
Salz
Pflanzenteil:
Wurzel
Körperzone:
Verdauungsorgane
Organsystem:
Kreislauf

Jungfrau
zunehmender Mond

Donnerstag

8

AUGUST

Element:
Erde
Tagesqualität:
Kälte
Nahrungsqualität:
Salz
Pflanzenteil:
Wurzel
Körperzone:
Verdauungsorgane
Organsystem:
Kreislauf

Jungfrau
zunehmender Mond

Gesund bleiben, gesund werden. Wer zur unterstützenden Rheumabehandlung Farne verwendet, bitte nicht vergessen, dass man erstens geschützte Farne in Ruhe lassen und zweitens nur bei zunehmendem Mond an Erdtagen (Stier, Jungfrau, Steinbock) ernten soll! Gut informiert ist gut vorbereitet: Der allerbeste Erntezeitpunkt wäre die Zeit zwischen dem 8. und 15. August, unabhängig vom Mondstand. Am besten die Blätter sofort unters Bett auf Papier zum Trocknen legen. Nach dem Trocknen gehören die Farnwedel bei abnehmendem Mond an Stier oder Steinbock zwischen zwei Laken genäht. Darüber dann das normale Bettlaken.

Freitag

9

AUGUST

Gesund bleiben, gesund werden. Eine wiederholte Anregung für den »Hüfttag« Waage, weil sie so wichtig ist: Wer unter chronischen Hüftproblemen leidet, sollte einmal gründlich die Kiefer untersuchen lassen. Die Zusammenhänge sind erstaunlich, und oftmals hat eine Sanierung des Gebisses auch die Linderung von Hüftproblemen zur Folge. Unser Tipp für die Hüfte: Radfahren ist eine Sportart, die Sie auch in höherem Alter beginnen oder ausüben können. Sie würden damit viel für Ihre Gesundheit tun! Es stärkt nicht nur Abwehrkräfte und Leistungsfähigkeit, es kräftigt Hüften und angeschlagene Knie.

Waage
zunehmender Mond

Element:
Luft
Tagesqualität:
Licht
Nahrungsqualität:
Fett
Pflanzenteil:
Blüte
Körperzone:
Hüfte, Nieren, Blase
Organsystem:
Drüsensystem

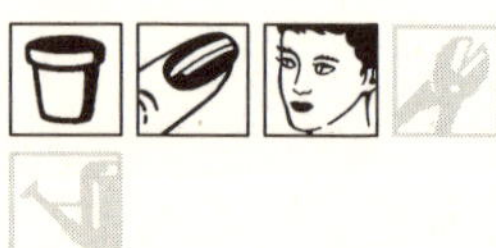

Element:
Luft
Tagesqualität:
Licht
Nahrungsqualität:
Fett
Pflanzenteil:
Blüte
Körperzone:
Hüfte, Nieren, Blase
Organsystem:
Drüsensystem

Samstag 10 AUGUST

Vom Tagesrhythmus der Organe. Von 17 Uhr bis 19 Uhr arbeitet ein zentrales Entgiftungsorgan, die Nieren, am besten, also in dieser Zeit viel trinken! Nach 19 Uhr sollte möglichst nicht mehr viel getrunken werden, besonders nicht vor dem Schlafengehen. Speziell Milch belastet die Nieren, weil Milch nicht mehr gut verarbeitet wird. Die berühmte warme Milch vor dem Schlafengehen schadet mehr, als sie nützt! Sie macht nicht auf gesunde Weise müde, sondern sie betäubt den Körper! Niemand sollte sich über schweren Schlaf, schlechte Träume und Augenringe am Morgen wundern.

Waage
zunehmender Mond

Sonntag 11 AUGUST

Einfach zum Nachdenken

Man muss durch schlechte Erfahrungen hindurchgehen
und nicht drum herum.

Liza Minnelli

Element:
Wasser
Tagesqualität:
Feuchte
Nahrungsqualität:
Kohlenhydrate
Pflanzenteil:
Blatt
Körperzone:
Geschlechtsorgane
Organsystem:
Nervensystem

Skorpion
zunehmender Mond

Montag

12

AUGUST

Element:
Wasser
Tagesqualität:
Feuchte
Nahrungsqualität:
Kohlenhydrate
Pflanzenteil:
Blatt
Körperzone:
Geschlechtsorgane
Organsystem:
Nervensystem

Skorpion
zunehmender Mond

Gesund bleiben, gesund werden. Am Kräutertag Skorpion und jetzt mitten im Sommer sicherlich interessant für Sie: Unserer Erfahrung nach ist es noch wenig bekannt, dass Salate am Abend eher belastend auf die Verdauung wirken. Wenn das zu Ihren Gewohnheiten zählt, verzichten Sie einmal mindestens sieben Tage darauf, ernähren Sie sich biologisch und leicht und beobachten Sie, was geschieht. Essen Sie dann nach etwa sieben bis zehn Tagen eine kräftige Salatmahlzeit abends und lassen Sie sich von der Erfahrung führen.

Dienstag

13

AUGUST

Gesund bleiben, gesund werden. Sie könnten heute für Gesundheit, Wohlbefinden und Fitness etwas besonders Gutes tun: Steigen Sie heute viele Treppen, um die Verdauung in Schwung zu bringen. Der Trick dabei: Nicht mühselig den Körper nach oben schleppen, sondern einfach den Fuß auf die Treppe setzen und dann die eingebaute Hydraulik in den Knien einsetzen, indem Sie sich selbst den Befehl geben: »Richte das Bein gerade!« So können Sie, (fast) ohne ins Schnaufen zu kommen, jeden Kirchturm erobern. Ohne diese Technik gäbe es keine Bergbauern. Sie stärkt zusätzlich die Knie.

Skorpion
zunehmender Mond

Element:
Wasser
Tagesqualität:
Feuchte
Nahrungsqualität:
Kohlenhydrate
Pflanzenteil:
Blatt
Körperzone:
Geschlechtsorgane
Organsystem:
Nervensystem

Mittwoch 14 AUGUST

Element:
Feuer
Tagesqualität:
Wärme
Nahrungsqualität:
Eiweiß, Frucht
Pflanzenteil:
Frucht
Körperzone:
Oberschenkel, Venen
Organsystem:
Sinnesorgane

Moon Power für Garten, Feld und Wald. Viele Früchte werden wie immer zu dieser Jahreszeit gleichzeitig reif. Mit Ernte und Verarbeitung kann man natürlich manchmal nicht warten, bis der Mond wieder abnimmt, was lange Haltbarkeit versprechen würde. Reagieren Sie auf die Natur deshalb wie folgt: Verarbeiten Sie die guten Dinge, wie Sie es gewohnt sind – aber markieren Sie die Gläser und verbrauchen Sie sie als erste. Heute und morgen verarbeitetes Obst hat besonders schmackhaftes und aromatisches Fruchtfleisch, die Haltbarkeit ist bei zunehmendem Mond aber nicht so groß.

Schütze
zunehmender Mond

Donnerstag 15 AUGUST

Mariä Himmelfahrt

Einfach zum Nachdenken

Wenn Menschen Liebe gepredigt wird,
lernen sie nicht lieben, sondern predigen.

Alice Miller

Element:
Feuer
Tagesqualität:
Wärme
Nahrungsqualität:
Eiweiß, Frucht
Pflanzenteil:
Frucht
Körperzone:
Oberschenkel, Venen
Organsystem:
Sinnesorgane

Schütze
zunehmender Mond

Freitag

16

AUGUST

Element:
Erde
Tagesqualität:
Kälte
Nahrungsqualität:
Salz
Pflanzenteil:
Wurzel
Körperzone:
Knie, Knochen, Haut
Organsystem:
Kreislauf

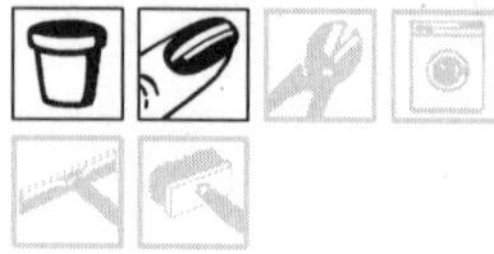

Steinbock
zunehmender Mond

Der besondere Tipp. Eine häufige LeserInnenfrage: »Wie helfe ich meinen geschwächten Zimmerpflanzen nach dem Urlaub wieder auf die Beine?« Das ist nicht schwer, und sie werden in ein paar Tagen sicher wieder gesund und munter dastehen. Einfach an Blatttagen (Krebs, Skorpion, Fische) etwas zurückschneiden und dann auch nur an Blatttagen gießen. Wenn die grünen Hausgenossen schwer beleidigt sind, dann zwischendurch vielleicht auch an Wurzeltagen einmal gießen (Stier, Jungfrau, Steinbock). Aber nur am Anfang! Dass auch gutes Zureden bei Pflanzen hilfreich ist, haben Sie ja selbst sicher schon erfahren.

Samstag

17

AUGUST

Humor ist gute Medizin. Zu Beginn der nationalsozialistischen Ära sagte ein Redner auf einem Schriftstellerkongress: »So muss ich also bekennen: Wenn die Nazis die sozialen Lasten abbauen wollen, stehe ich mit einem Fuß im Lager Hitlers.« Da konnte sich der Schriftsteller Roda Roda nicht mehr zurückhalten und rief dazwischen: »Und mit den übrigen dreien?«

Steinbock
zunehmender Mond

Element:
Erde
Tagesqualität:
Kälte
Nahrungsqualität:
Salz
Pflanzenteil:
Wurzel
Körperzone:
Knie, Knochen, Haut
Organsystem:
Kreislauf

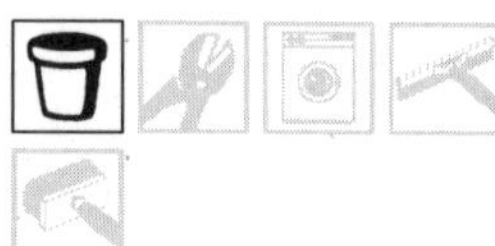

Element:
Luft
Tagesqualität:
Licht
Nahrungsqualität:
Fett
Pflanzenteil:
Blüte
Körperzone:
Unterschenkel, Venen
Organsystem:
Drüsensystem

Sonntag 18 AUGUST

Einfach zum Nachdenken

Krisen sind Angebote des Lebens,
sich zu wandeln.
Man braucht noch gar nicht zu wissen,
was neu werden soll.
Man muss nur bereit und zuversichtlich sein.

Luise Rinser

Wassermann
zunehmender Mond

Montag 19 AUGUST

Gesund bleiben, gesund werden. Wenn es um Ihre allgemeine Fitness nicht so gut bestellt ist, dann halten heute bei Vollmond die Venen größeren Belastungen noch weniger gut stand. Legen Sie die Beine, wenn möglich, hin und wieder hoch und gönnen Sie sich eine Streichelmassage mit einem natürlichen Massageöl. Krampfadern sind heute schmerzempfindlicher als sonst. Stehpartys, Stadtbummel, Wanderungen, Museumsbesuche und dergleichen könnten heute möglicherweise weniger Freude machen als zu anderen Zeiten. Die Beine einige Zeit hochlagern ist wirklich hilfreich. Dabei aber nicht abknicken.

Element:
Luft
Tagesqualität:
Licht
Nahrungsqualität:
Fett
Pflanzenteil:
Blüte
Körperzone:
Unterschenkel, Venen
Organsystem:
Drüsensystem

19.24

Wassermann
Vollmond

Dienstag

20

AUGUST

Element:
Wasser
Tagesqualität:
Feuchte
Nahrungsqualität:
Kohlenhydrate
Pflanzenteil:
Blatt
Körperzone:
Füße, Zehen
Organsystem:
Nervensystem

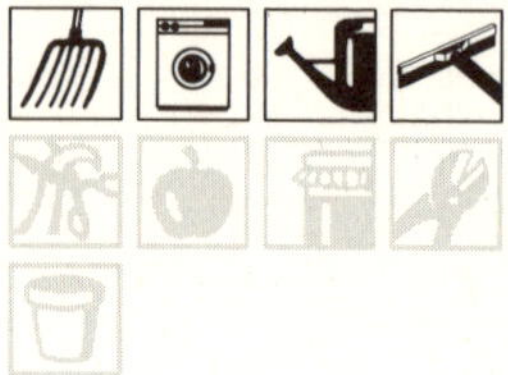

Fische
abnehmender Mond

Einfach zum Nachdenken. Am Blatttag Fische: Kürzlich sagte ein Wissenschaftler, dass man selbstverständlich auf künstlich-chemische Produkte und Genmanipulation angewiesen ist, um den Herausforderungen durch Krebs, Aids usw. zu begegnen. Wörtlich begründete er: »In Wirklichkeit stimmt es nicht, dass Gott gegen jede Krankheit ein Kraut wachsen ließ.« Halten Sie sich vor Augen: Erst etwa ein Zehntel aller Kräuter der Welt sind auf ihre mögliche Heilwirkung untersucht! Was ist also von der Aussage des Wissenschaftlers zu halten? Machen Sie sich Ihr eigenes Bild.

Mittwoch

21

AUGUST

Moon Power für Garten, Feld und Wald. Wenn Sie stolz auf einen »englischen« Rasen sind und ihn vom allgegenwärtigen Moos befreien wollen, dann ist der abnehmende Mond und ein Wassertag (Krebs, Skorpion, Fische) der ideale Zeitpunkt. Die Fische-Energie heute wird helfen, dass das Moos nicht so schnell wiederkommt. Das ist allerdings einer der seltenen Fälle, in denen wir persönlich ein Stück Mondwissen kaum einmal anwenden. Uns stört nämlich nicht, dass sich Moos an manchen Stellen breitmacht. Schattige Stellen haben für manche Pflanzen durchaus Vorteile. Im Garten ist einfach vieles Geschmacksfrage – im wahrsten Sinne des Wortes.

Fische
abnehmender Mond

Element:
Wasser
Tagesqualität:
Feuchte
Nahrungsqualität:
Kohlenhydrate
Pflanzenteil:
Blatt
Körperzone:
Füße, Zehen
Organsystem:
Nervensystem

Element:
Wasser
Tagesqualität:
Feuchte
Nahrungsqualität:
Kohlenhydrate
Pflanzenteil:
Blatt
Körperzone:
Füße, Zehen
Organsystem:
Nervensystem

Donnerstag

22

AUGUST

Fische
abnehmender Mond

Der besondere Tipp. Fast sieht man es dem Symbol für das Tierkreiszeichen an: Die morgigen beiden Widdertage sind immer ein Anlass, alle Vorhaben langsam und überlegt anzugehen und keine vorschnellen Entscheidungen zu fällen. Kein guter Tag also für die beliebte Methode »Kopf durch die Wand«! Ein idealer Tag dagegen zum Meditieren und für kalte Umschläge an Kopf und Stirn. Augen auf auch im Straßenverkehr: So mancher Verkehrsteilnehmer vergisst heute gerne, dass Miteinander, Rücksichtnahme und das Voraussehen der Fehler anderer die sicherste Vorbeugung gegen Unfälle ist. Also nichts persönlich nehmen!

Freitag

23

AUGUST

Sparen mit dem Mondkalender – Ernten zur Lagerung. Günstig bei abnehmendem Mond, ideal in Widder, Löwe und Schütze, jedoch nicht an Krebs, Skorpion, Fische und Jungfrau. Wenn Sie den richtigen Zeitpunkt einhalten, bleiben Obst und Gemüse länger frisch. Der Saft bleibt beim Ernten erhalten und bringt beste Voraussetzungen für guten Geschmack und Haltbarkeit. Die Schale schließt das Obst sorgfältig ab, damit auch eine faule Frucht dazwischen nicht alles »ansteckt«. Das gute Aroma bleibt längere Zeit erhalten. Schalen, äußere Blätter und Ähnliches schützen die Ernte vor dem Austrocknen. Es kommt seltener zu Druckstellen. Sie sparen Zeit und Geld.

Element:
Feuer
Tagesqualität:
Wärme
Nahrungsqualität:
Eiweiß, Frucht
Pflanzenteil:
Frucht
Körperzone:
Kopfbereich bis Oberkiefer
Organsystem:
Sinnesorgane

Widder
abnehmender Mond

Samstag

24

AUGUST

Element:
Feuer
Tagesqualität:
Wärme
Nahrungsqualität:
Eiweiß, Frucht
Pflanzenteil:
Frucht
Körperzone:
Kopfbereich bis Oberkiefer
Organsystem:
Sinnesorgane

Widder
abnehmender Mond

Moon Power für Garten, Feld und Wald. Wieder herrscht morgen ein idealer Zeitpunkt fürs Ernten von Salbeiblättern! Trocknen Sie sie im Schatten auf einem Holzrost, in einem Korb oder auf Zeitungspapier. Hauptsache, es kommt genug Luft daran. Die Blätter sollten nicht aneinanderhaften, sondern müssen gut »atmen« können. Sie können aber auch Salbeisträuße kopfüber aufhängen und trocknen. Jetzt ist ein guter Zeitpunkt, um schon den Wintervorrat für Salbeitee anzulegen. Ein solcher Tee ist unvergleichlich, er wird gute Dienste tun, wenn Sie es im Herbst und Winter mit Halsschmerzen und Rachenproblemen zu tun bekommen.

Sonntag

25

AUGUST

Einfach zum Nachdenken

Auf der Welt lebt keiner vergebens,
der die Bürde eines anderen leichter
zu machen versucht.

Helen Keller

Element:
Erde
Tagesqualität:
Kälte
Nahrungsqualität:
Salz
Pflanzenteil:
Wurzel
Körperzone:
Unterkiefer, Halsregion
Organsystem:
Kreislauf

Stier
abnehmender Mond

Montag

26

AUGUST

Element:
Erde
Tagesqualität:
Kälte
Nahrungsqualität:
Salz
Pflanzenteil:
Wurzel
Körperzone:
Unterkiefer, Halsregion
Organsystem:
Kreislauf

Sparen mit dem Mondkalender – Mulchen und Laub rechen. Günstig bei abnehmendem Mond, ideal an Stier, Jungfrau und Steinbock. Wenn Sie den richtigen Zeitpunkt einhalten, bleiben die Laubhaufen schön beieinander, das Laub kann sich organisch zersetzen und neue Erde bilden. Das Laub bleibt trocken und locker. Regen kann hindurchfließen, und darunter bleibt es feucht. Es kommt weder zu Schimmelbildung noch zu stinkender Fäulnis. Laub für Tierstreu, etwa Buchenlaub, sollte man zwischen Schütze und Zwillinge, also bei aufsteigendem Mond, sammeln. Dabei aber Fische auslassen. Sie sparen Zeit und Mühe.

Stier
abnehmender Mond

Dienstag

27

AUGUST

Der besondere Tipp. »Meine Freundin verwendet einen Mondkalender, der sich von eurem unterscheidet. Wem soll ich vertrauen?« Auf diese Frage gibt es eine kurze und eine ausführliche Antwort. Letztere schicken wir allen interessierten LeserInnen gerne zu (per E-Mail an vrz@aon.at). Manchmal verwenden Kalenderverlage eine andere Berechnungsgrundlage, und dann verschiebt sich das eine oder andere Tierkreiszeichen. Auch deshalb ist das Mondwissen immer wieder einmal in Vergessenheit geraten. Welcher Schaden das ist, das können heute schon viele LeserInnen aus eigener Erfahrung sehr gut ermessen.

Element:
Luft
Tagesqualität:
Licht
Nahrungsqualität:
Fett
Pflanzenteil:
Blüte
Körperzone:
Schultern, Arme, Hände
Organsystem:
Drüsensystem

Zwillinge
abnehmender Mond

Mittwoch

28

AUGUST

Element:
Luft
Tagesqualität:
Licht
Nahrungsqualität:
Fett
Pflanzenteil:
Blüte
Körperzone:
Schultern, Arme, Hände
Organsystem:
Drüsensystem

Zwillinge
abnehmender Mond

Der Mond – Ihr guter Freund in Haushalt und Alltag. Als Gedächtnisstütze: Nachdem Pellets- und Hackschnitzelheizungen aus besten Gründen immer weitere Verbreitung finden, wird diese Information sicher immer wichtiger. Häckselgut und Pellets herstellen, pressen und einlagern wäre ideal bei abnehmendem Mond, damit alles schön trocken bleibt beziehungsweise gut nachtrocknet. Generell für alle Feuerungsanlagen wäre das schonender und verlängert die Lebensdauer. Bei zunehmendem Mond an Wassertagen (Krebs, Skorpion, Fische) und an Jungfrau wird Häckselgut leichter feucht und ist nicht so gut transportfähig.

Donnerstag

29

AUGUST

Gesund bleiben, gesund werden. Die Krebs-Energie mit ihrem Einfluss auf die Lunge unterstützt heute besonders alle Atemübungen. Bei allem kräftigen Einatmen kommt es aber auch darauf an, intensiv auszuatmen, denn das sorgt nicht nur für eine bessere Sauerstoffversorgung, sondern hat auch eine seelische Wirkung: Es schafft Platz für Neues in Ihrem Leben. Umgekehrt verbirgt sich hier auch ein Grund dafür, sich eine flache Atmung anzugewöhnen: Wer Angst vor Veränderung im Leben hat, entwickelt sie und verringert die Sauerstoffversorgung. Sie sehen, es gibt viele Brücken zwischen Körper und Seele.

Krebs
abnehmender Mond

Element:
Wasser
Tagesqualität:
Feuchte
Nahrungsqualität:
Kohlenhydrate
Pflanzenteil:
Blatt
Körperzone:
Brustbereich, Lunge
Organsystem:
Nervensystem

Element:
Wasser
Tagesqualität:
Feuchte
Nahrungsqualität:
Kohlenhydrate
Pflanzenteil:
Blatt
Körperzone:
Brustbereich, Lunge
Organsystem:
Nervensystem

Freitag
30
AUGUST

Krebs
abnehmender Mond

Gesund bleiben, gesund werden. Letzte Nacht haben möglicherweise viele LeserInnen wegen der Krebs-Energie nicht so gut geschlafen. Gerade in der Zeit bis 5 Uhr früh sollte sich aber die Leber gut erholen können. Bei Schlafmangel kämpft man dann oft den ganzen Tag mit einem flauen Gefühl und Müdigkeit. Leider greift man dann oft zu noch mehr Kaffee als sonst und setzt damit einen kleinen Teufelskreis in Gang, weil die Leber gleich noch einmal übersäuert und belastet wird. Viel besser wäre es, heute einen Obsttag mit frischem Bio-Obst einzulegen, um wieder in die Gänge zu kommen.

Samstag
31
AUGUST

Gesund bleiben, gesund werden. An Löwetagen ist eine »Fingerarbeit« am kleinen Finger sinnvoll und wirksam. Über Energiekreisläufe steht er direkt mit dem Herz in Verbindung, seine gesunde Funktion kann dadurch positiv beeinflusst werden. Gleichzeitig ist der kleine Finger mit dem Gemütszustand »Verstellung« verbunden. Sie können also über das Festhalten des kleinen Fingers mithelfen, nicht mehr ständig nach außen ein besseres Bild von sich abgeben zu müssen, als es der Wahrheit entspricht. Zu sich selbst finden und dazu zu stehen, muss manchmal erst gelernt werden. Starten Sie heute!

Element:
Feuer
Tagesqualität:
Wärme
Nahrungsqualität:
Eiweiß, Frucht
Pflanzenteil:
Frucht
Körperzone:
Herzregion, Kreislauf
Organsystem:
Sinnesorgane

Löwe
abnehmender Mond

Sonntag

1

SEPTEMBER

Element:
Feuer
Tagesqualität:
Wärme
Nahrungsqualität:
Eiweiß, Frucht
Pflanzenteil:
Frucht
Körperzone:
Herzregion, Kreislauf
Organsystem:
Sinnesorgane

Löwe
abnehmender Mond

Einfach zum Nachdenken

Wenn in einer gegebenen Gemeinschaft die Menschen
die Unterscheidungskraft verlieren
zwischen Überzeugung, Glauben, Vermutung, Meinung
und Ahnung auf der einen Seite
und Wissen auf der anderen Seite,
dann ist diese Gemeinschaft zum Untergang verurteilt.

Rumi (1207–1273)

Montag

2

SEPTEMBER

Rezepte für die Ernährung, wie sie für uns gedacht ist – aus unserem neuen Buch *Alpha-Omega-Formel*: Champignon-Strudel. Was Sie brauchen: 300 g Pilze (nach Saison Champignons und / oder Kräuterseitlinge etc.), grob geschnitten / 2 EL Olivenöl / 2 Frühlingszwiebeln, fein geschnitten / 130 g junger Blattspinat, frisch oder aufgetaut / 2 EL Balsamicoessig / 2 Knoblauchzehen, gepresst / ½ TL Paprikapulver, scharf / ½ TL Paprikapulver, geräuchert / 1 TL Majoran / Salz, Pfeffer / 1 kleine Karotte, geschält, geraspelt / 50 g geriebene Mandeln / 1 Packung Blätterteig (etwa 240 g) / etwas zerlassene Butter. *Und so geht's:* Pilze im Olivenöl kurz anbraten *(Lesen Sie morgen weiter)*

Löwe
abnehmender Mond

Element:
Feuer
Tagesqualität:
Wärme
Nahrungsqualität:
Eiweiß, Frucht
Pflanzenteil:
Frucht
Körperzone:
Herzregion, Kreislauf
Organsystem:
Sinnesorgane

Element:
Erde
Tagesqualität:
Kälte
Nahrungsqualität:
Salz
Pflanzenteil:
Wurzel
Körperzone:
Verdauungsorgane
Organsystem:
Kreislauf

Dienstag

3

SEPTEMBER

02.55

Jungfrau
Neumond

(Fortsetzung von gestern) Frühlingszwiebeln und Spinat zugeben, gut vermengen und mit Essig, Knoblauch, Paprikapulver, Majoran, Salz und Pfeffer abschmecken. Kurz weiterbraten, aber nicht zu trocken werden lassen. Karotten und Mandeln zugeben und gut mischen. Jetzt den Backofen auf 200 °C (Ober-/Unterhitze) vorheizen und den Blätterteig mit dem mitgerollten Backpapier entrollen. Das Gemüse auf dem unteren Drittel verteilen. Dabei einen Rand von 2 cm links und rechts freilassen. Den noch freiliegenden Teig kurz mit Wasser bestreichen, von unten zu einem Strudel einrollen, die Seitenränder einschlagen. *(Lesen Sie morgen weiter)*

Mittwoch

4

SEPTEMBER

(Fortsetzung von gestern) Den Strudel auf ein Backblech legen und mit der zerlassenen Butter bestreichen. Im Backofen 30–35 Minuten auf der untersten Schiene goldbraun backen.
Den Strudel vor dem Backen dünn mit zerlassener Butter zu bestreichen macht ihn schön knusprig. Mit Sesam, Sonnenblumenkernen oder Kürbiskernen bestreut, sieht er besonders schön aus. Auf YouTube gibt's übrigens viele Anleitungen fürs Rollen eines Strudels, wenn Sie sich da noch nicht sicher fühlen.

Element:
Erde
Tagesqualität:
Kälte
Nahrungsqualität:
Salz
Pflanzenteil:
Wurzel
Körperzone:
Verdauungsorgane
Organsystem:
Kreislauf

Jungfrau
zunehmender Mond

Donnerstag

5

SEPTEMBER

Element:
Luft
Tagesqualität:
Licht
Nahrungsqualität:
Fett
Pflanzenteil:
Blüte
Körperzone:
Hüfte, Nieren, Blase
Organsystem:
Drüsensystem

Waage
zunehmender Mond

Vom Tagesrhythmus der Organe. Ausreichend Schlaf wäre nicht nur in den Jungfrautagen besonders wichtig. Für die Leber ist nämlich die Zeit zwischen 1 und 3 Uhr nachts Hochbetriebszeit: Abbau verbrauchter Blutkörperchen, Verarbeitung der Nahrung, Umwandlung von pflanzlichem und tierischem in körpereigenes Eiweiß, Speicherung von Zucker in den Leberzellen usw. – es ist viel zu tun! Vielleicht wird nun deutlicher, warum generell abends nicht mehr schwer gegessen werden sollte, ganz unabhängig vom Mondstand im Tierkreis.

Freitag

6

SEPTEMBER

Der besondere Tipp. Richtig angewendet beschreibt der Mondkalender nicht nur den richtigen Zeitpunkt für eine Fülle von Tätigkeiten im Alltag, sondern er lädt auch manchmal zum Nichtstun und Entspannen ein. Waage im zunehmenden Mond beispielsweise ist eine solche Zeit. Vielleicht erledigen Sie heute nur das Allerwichtigste und meditieren ein wenig über schöne Aussprüche wie diesen von Leo Tolstoi: »Wenn uns etwas aus dem gewöhnlichen Gleise wirft, bilden wir uns ein, alles sei verloren. Dabei fängt nur etwas Neues, Gutes an. Solange Leben da ist, gibt es auch Glück.«

Element:
Luft
Tagesqualität:
Licht
Nahrungsqualität:
Fett
Pflanzenteil:
Blüte
Körperzone:
Hüfte, Nieren, Blase
Organsystem:
Drüsensystem

Waage
zunehmender Mond

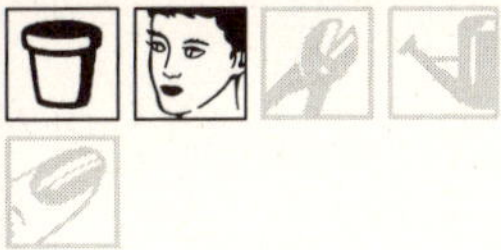

Element:
Luft
Tagesqualität:
Licht
Nahrungsqualität:
Fett
Pflanzenteil:
Blüte
Körperzone:
Hüfte, Nieren, Blase
Organsystem:
Drüsensystem

Samstag

7

SEPTEMBER

Waage
zunehmender Mond

Der Mond – Ihr guter Freund in Haushalt und Alltag. Sollten Sie gerade vom Urlaub zurückkehren, warten Sie mit dem Blumengießen noch bis morgen! An Waage gießen würde nur die Blattläuse anlocken. Leiden Ihre Pflanzen schon darunter, dann ist Brennnesselwasser ein bewährtes Mittel. Geben Sie etwa drei Sträuße Brennnesseln in einen Eimer und füllen Sie mit Wasser auf. Über Nacht stehen lassen und abseihen. Nun können Sie die Pflanzen vorsichtig morgens und abends (nicht tagsüber!) mit dem Wasser benetzen. Weitere natürliche Mittel gegen Blattläuse im Garten sind Kapuzinerkresse und Marienkäfer.

Sonntag

8

SEPTEMBER

Einfach zum Nachdenken

Lieber zehnmal den Menschen vertrauen
und neunmal enttäuscht werden,
als zehnmal nicht vertrauen
und dafür das eine Mal Vertrauenswürdigkeit
nicht zu erleben.

Ron Fischer

Element:
Wasser
Tagesqualität:
Feuchte
Nahrungsqualität:
Kohlenhydrate
Pflanzenteil:
Blatt
Körperzone:
Geschlechtsorgane
Organsystem:
Nervensystem

Skorpion
zunehmender Mond

Montag

9

SEPTEMBER

Element:
Wasser
Tagesqualität:
Feuchte
Nahrungsqualität:
Kohlenhydrate
Pflanzenteil:
Blatt
Körperzone:
Geschlechtsorgane
Organsystem:
Nervensystem

Skorpion
zunehmender Mond

Der besondere Tipp. In unserem Buch »Lebenschance Tiroler Zahlenrad« machen wir Sie nicht nur mit der besonderen Kraft der Zahlen Ihres Geburtsdatums bekannt, sondern auch des aktuellen Datums. Die beiden Neuner heute begünstigen wieder jede Form von Geschäftstüchtigkeit. Jedoch nicht im Sinne von »ausnutzen«, sondern »nutzen«. Alle Chancen in Zusammenhang mit Verbesserungen im Beruf lassen sich heute leichter erkennen. Seien Sie also klug und erledigen Sie heute Geschäftliches mit Herz und Verstand. Den nötigen Schwung und die Weisheit zur Umsetzung werden Ihnen die Energie der Zahlen des Tages geben.

Dienstag

10

SEPTEMBER

Gesund bleiben, gesund werden. Heute bis Donnerstag herrschen wieder Energien, die zu Obst- und Safttagen einladen. Aber Sie müssen die Chance selbst beim Schopf packen. Viele Menschen sind unsicher, wenn es um gesunde Ernährung geht. Die Bequemlichkeit siegt dann meistens, und man kehrt zu alten Gewohnheiten zurück, die einen oft in die Arme der Medizin treiben. Verlassen Sie sich mehr auf Ihr Gespür: Obst und Gemüse müssen manchmal mutig neu ausprobiert werden, und bevorzugen Sie biologisches Gemüse und Früchte. Und kochen Sie das Gemüse nicht einfach wie Kochwäsche. Das schmeckt niemandem.

Schütze
zunehmender Mond

Element:
Feuer
Tagesqualität:
Wärme
Nahrungsqualität:
Eiweiß, Frucht
Pflanzenteil:
Frucht
Körperzone:
Oberschenkel, Venen
Organsystem:
Sinnesorgane

Element:
Feuer
Tagesqualität:
Wärme
Nahrungsqualität:
Eiweiß, Frucht
Pflanzenteil:
Frucht
Körperzone:
Oberschenkel, Venen
Organsystem:
Sinnesorgane

Mittwoch

11

SEPTEMBER

Schütze
zunehmender Mond

Humor ist gute Medizin. Ein Autofahrer gerät in eine Routinekontrolle beim Heimweg. Er beugt sich aus dem Fenster und sagt zu den beiden Polizisten: »S-S-Seid ihr beiden Zwillinge?«
»Nein, warum fragen Sie?«
»W-W-Weil euch eure Mami genau gleich angezogen hat …«
»Ihren Führerschein und Fahrzeugpapiere bitte, und dann blasen Sie bitte hier hinein!«

Donnerstag

12

SEPTEMBER

Schön sein, schön bleiben. Frage an uns: »Steinbock bei abnehmendem Mond ist der günstigste Zeitpunkt für die Körperhaarentfernung, aber was ist mit der zweiten Jahreshälfte, wenn Steinbock nur im zunehmenden Mond auftaucht?« Unsere Antwort: Der abnehmende Mond ist immer günstig dafür! Steinbock wäre jedoch ideal. In der zweiten Jahreshälfte achten Sie einfach auf den abnehmenden Mond, und gehen Sie den Tierkreiszeichen Krebs, Löwe und Jungfrau aus dem Weg. Bei Krebs würden die Haare kreuz und quer wuchern, bei Löwe werden sie zu dicht und bei Jungfrau wachsen sie schnell wieder nach.

Element:
Feuer
Tagesqualität:
Wärme
Nahrungsqualität:
Eiweiß, Frucht
Pflanzenteil:
Frucht
Körperzone:
Oberschenkel, Venen
Organsystem:
Sinnesorgane

Schütze
zunehmender Mond

Freitag

13

SEPTEMBER

Element:
Erde
Tagesqualität:
Kälte
Nahrungsqualität:
Salz
Pflanzenteil:
Wurzel
Körperzone:
Knie, Knochen, Haut
Organsystem:
Kreislauf

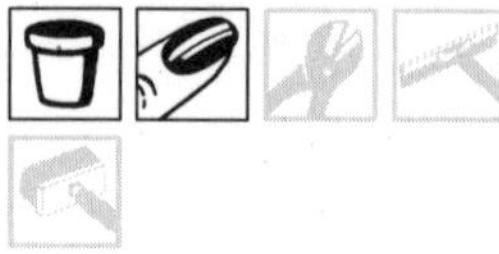

Steinbock
zunehmender Mond

Gesund bleiben, gesund werden. Gut vorbereitet ist halb gewonnen: Heute und morgen sind die Knie vom Mond »bestrahlt«, vorbeugendes Schonen ist eine gute Idee. Viele Menschen hören mit geliebten Sportarten auf, weil das Training manchmal zu viel wird und »auf die Knochen« geht. Würde man an manchen Tagen auf die Ausübung verzichten, dann hätte man bis ins hohe Alter Freude daran! Also stornieren Sie die geplanten Übungsstunden, wenn Sie manchmal Knieprobleme haben. Wer bergwandert, sollte für den Abstieg einen Gehstock nehmen und das Gewicht etwas abfedern – eine knieschonende Maßnahme!

Samstag

14

SEPTEMBER

Einfach zum Nachdenken. Steht nicht an meinem Grab und weint, ich bin nicht da, und nein, ich schlafe nicht. Ich bin eine der tausend wogenden Wellen des Sees, ich bin das diamantene Glitzern des Schnees, wenn ihr erwacht in der Stille am Morgen, dann bin ich für euch verborgen, ich bin ein Vogel im Flug, leise wie ein Luftzug, ich bin das sanfte Licht der Sterne in der Nacht. Steht nicht an meinem Grab und weint, ich bin nicht da, und nein, ich schlafe nicht.

Lakota-Indianer

Steinbock
zunehmender Mond

Element:
Erde
Tagesqualität:
Kälte
Nahrungsqualität:
Salz
Pflanzenteil:
Wurzel
Körperzone:
Knie, Knochen, Haut
Organsystem:
Kreislauf

Element:
Luft
Tagesqualität:
Licht
Nahrungsqualität:
Fett
Pflanzenteil:
Blüte
Körperzone:
Unterschenkel, Venen
Organsystem:
Drüsensystem

Sonntag

15

SEPTEMBER

Gesund bleiben, gesund werden. Kommenden Mittwoch ist Vollmond! An Wassermanntagen so kurz vor Vollmond halten die Unterschenkelvenen größeren Belastungen weniger gut stand, wenn Sie nicht gut austrainiert sind und regelmäßig Fitnessübungen machen. Legen Sie die Beine, wenn möglich, hoch und gönnen Sie sich eine Streichelmassage mit einem natürlichen Massageöl. Krampfadern sind heute schmerzempfindlicher als sonst. Stadtbummel, Wanderungen, Museumsbesuche, eine abendliche Stehparty und dergleichen könnten deshalb heute möglicherweise weniger Freude machen als zu anderen Zeiten.

Wassermann
zunehmender Mond

Montag

16

SEPTEMBER

Vom Tagesrhythmus der Organe – heute: Die Zeit von 19 bis 21 Uhr. Viele Eltern dürfen täglich die Erfahrung machen: Wenn es ihnen gelingt, kleine Kinder vor 19 Uhr zu Bett zu bringen, schlafen sie oft unproblematisch ein. Nach diesem Zeitpunkt wächst sich die Schlafenszeit oft zu einem harten Kampf aus, den die Kinder fast immer auf die eine oder andere Art gewinnen, weil man niemanden zum Schlafen zwingen kann. Nicht ohne Grund: Von 19 bis 21 Uhr arbeitet der Kreislauf am besten. In dieser Zeit haben Körper und Geist oftmals ganz andere Dinge im Sinn als Schlaf.

Element:
Luft
Tagesqualität:
Licht
Nahrungsqualität:
Fett
Pflanzenteil:
Blüte
Körperzone:
Unterschenkel, Venen
Organsystem:
Drüsensystem

Wassermann
zunehmender Mond

Dienstag

17

SEPTEMBER

Element:
Wasser
Tagesqualität:
Feuchte
Nahrungsqualität:
Kohlenhydrate
Pflanzenteil:
Blatt
Körperzone:
Füße, Zehen
Organsystem:
Nervensystem

Fische
zunehmender Mond

Moon Power für Garten, Feld und Wald. Je nach klimatischen Verhältnissen rückt allmählich der letzte Rasenschnitt näher. Deshalb heute eine kleine Warnung: Grundsätzlich ist fürs Rasenmähen jeder Blatttag geeignet, also Krebs, Skorpion oder Fische. Nur der letzte Schnitt vor dem Winter sollte möglichst nicht an Fische geschehen, also nicht heute oder morgen! Das hätte nämlich zur Folge, dass das Gras über den Winter zu dünn und schwach werden würde. Es wird anfälliger für Moosbewuchs und kahle Stellen. Warten Sie also bis Mittwoch, bei abnehmendem Mond wächst das Gras dann auch nicht so schnell.

Mittwoch

18

SEPTEMBER

Der besondere Tipp. LeserInnen haben uns gefragt, wann genau eigentlich Vollmondtag ist, etwa als Reaktion auf die Anregung, an Voll- und Neumond einen Fastentag einzulegen. Wie so oft hängt die Antwort davon ab, um welche Tätigkeit es sich handelt, die vom richtigen Zeitpunkt profitiert. Wenn beispielsweise der Vollmond wie heute um 3:33 Uhr nachts eintritt, würden wir persönlich den gestrigen Tag als Fastentag bezeichnen. Der heutige Tag ist schon vom abnehmenden Mond beeinflusst, wir würden uns danach richten, obwohl in allen Kalendern heute korrekt das Vollmond-Symbol zu finden ist.

03.33

Fische
Vollmond

Element:
Wasser
Tagesqualität:
Feuchte
Nahrungsqualität:
Kohlenhydrate
Pflanzenteil:
Blatt
Körperzone:
Füße, Zehen
Organsystem:
Nervensystem

Element:
Feuer
Tagesqualität:
Wärme
Nahrungsqualität:
Eiweiß, Frucht
Pflanzenteil:
Frucht
Körperzone:
Kopfbereich bis Oberkiefer
Organsystem:
Sinnesorgane

Donnerstag 19 SEPTEMBER

Widder
abnehmender Mond

Moon Power für Garten, Feld und Wald. Frage an uns: »Wann erntet man Walnüsse? Die Eltern haben auf den Mond geschaut, soweit wir noch wissen.« Ideal wäre nach dem Abfallen bei abnehmendem Mond an Widder und ab Oktober an Löwe. In erster Linie sollten Sie das Tierkreiszeichen Jungfrau meiden, aber auch Fische und Krebs sind nicht günstig. Trocken zwischenlagern und erst später ins Haus holen. Zum endgültigen Lagern und Verbrauchen bringen Sie die Nüsse dann bei abnehmendem Mond ins Haus, ebenfalls an einem Fruchttag. So behalten sie ihr Aroma und den feinen Geschmack und werden auch nicht so schnell ranzig.

Freitag 20 SEPTEMBER

Moon Power für Garten, Feld und Wald. Wir möchten es Ihnen noch einmal dringend ans Herz legen: Statt das Herbstlaub mühsam zu entsorgen, rechen Sie es dieses Jahr bei abnehmendem Mond zusammen und lassen es unter den Bäumen und Sträuchern liegen. Es erfüllt dann den Zweck, den die Natur dafür vorgesehen hat: nämlich den Pflanzen als bestmögliche Nahrung zu dienen, zudem als Kälteschutz und Unterschlupf für wichtiges Kleingetier. Die größte Verschwendung und Umweltbelastung bringen übrigens die Laubbläser, die mit viel Lärm und Gestank Mensch und Natur belasten. Manch ein »Fortschritt« ist keiner. *(Lesen Sie auch morgen!)*

Element:
Feuer
Tagesqualität:
Wärme
Nahrungsqualität:
Eiweiß, Frucht
Pflanzenteil:
Frucht
Körperzone:
Kopfbereich bis Oberkiefer
Organsystem:
Sinnesorgane

Widder
abnehmender Mond

Samstag

21

SEPTEMBER

Element:
Erde
Tagesqualität:
Kälte
Nahrungsqualität:
Salz
Pflanzenteil:
Wurzel
Körperzone:
Unterkiefer, Halsregion
Organsystem:
Kreislauf

Stier
abnehmender Mond

Moon Power für Garten, Feld und Wald. Die Gartensaison nähert sich ihrem Ende, nachts fallen die Temperaturen mancherorts schon mal unter zehn Grad. Denken Sie daran, bei den Aufräumarbeiten im Garten auch Lebensraum für nützliches Getier zu hinterlassen, auch wenn es fürs Auge momentan nicht so »edel« aussieht. Igel beispielsweise sind sehr dankbar für Winterquartiere in Form von Reisighaufen, die ein gründlicher Baum- und Strauchschnitt hinterlassen hat (bitte bei abnehmendem Mond!). Im Frühjahr haben Sie dafür schon ausgetrocknetes Häckselgut, das sich dann ideal zum Mulchen eignet.

Sonntag

22

SEPTEMBER

Einfach zum Nachdenken

Unsere größte Angst sollte nicht vor dem Versagen sein …
sondern davor,
in Dingen des Lebens erfolgreich zu sein,
die nicht wirklich zählen.

Francis Chan

Stier
abnehmender Mond

Element:
Erde
Tagesqualität:
Kälte
Nahrungsqualität:
Salz
Pflanzenteil:
Wurzel
Körperzone:
Unterkiefer, Halsregion
Organsystem:
Kreislauf

Element:
Luft
Tagesqualität:
Licht
Nahrungsqualität:
Fett
Pflanzenteil:
Blüte
Körperzone:
Schultern, Arme, Hände
Organsystem:
Drüsensystem

Montag

23

SEPTEMBER

Aus unserem neuen Buch *Alpha-Omega-Formel*: Brokkolicremesuppe. Was Sie brauchen: 30 g Butter oder Pflanzenöl / 2 mittelgroße Zwiebeln, fein gehackt (oder für die Omega-Typen eine Stange Lauch, fein geschnitten) / 1 Stange Stangensellerie, dünn geschnitten / 800 ml Gemüsebrühe / etwa 500 g Brokkoli, in Röschen geteilt / 1 kleine Kartoffel, geschält und in dicke Scheiben geschnitten / 150 ml Kokosmilch / 1 Schuss Worcestershiresauce / Salz, Pfeffer / Muskatnuss / Zitronensaft (für Alpha-Typen).
Und so geht's: Butter oder Öl im Topf erhitzen, Zwiebeln/Lauch und Sellerie hinzufügen, kräftig anbraten, mit 2–3 EL Gemüsebrühe ablöschen. *(Lesen Sie morgen weiter)*

Zwillinge
abnehmender Mond

Dienstag

24

SEPTEMBER

(Fortsetzung von gestern) Die Hitze zurücknehmen, Deckel drauf und schmoren, bis das Gemüse weich ist. Brokkoli, Kartoffel und restliche Gemüsebrühe zugeben, Deckel drauf und köcheln, bis das Gemüse weich ist – etwa 15 Minuten. Dann alles in den Mixer füllen und pürieren. Zurück in den Topf und die Kokosmilch einrühren. Nach Belieben würzen und vielleicht etwas Zitronensaft zufügen. Noch einmal heiß werden lassen, aber nicht mehr kochen. Heiß servieren, eventuell begleitet von Dinkelcroutons. Ein schnelles Rezept und spitzenmäßig geeignet, um es abends vorzukochen. Am nächsten Tag dann dem Kantinenessen ein gesundes Schnippchen schlagen!

Element:
Luft
Tagesqualität:
Licht
Nahrungsqualität:
Fett
Pflanzenteil:
Blüte
Körperzone:
Schultern, Arme, Hände
Organsystem:
Drüsensystem

Zwillinge
abnehmender Mond

Mittwoch

25

SEPTEMBER

Element:
Wasser
Tagesqualität:
Feuchte
Nahrungsqualität:
Kohlenhydrate
Pflanzenteil:
Blatt
Körperzone:
Brustbereich, Lunge
Organsystem:
Nervensystem

Krebs
abnehmender Mond

Einfach zum Nachdenken. »Als ich 5 Jahre alt war, sagte meine Mutter, dass Glücklichsein der wahre Schlüssel zu einem erfüllten Leben ist. Mit 6 wurde ich in der Schule gefragt, was ich denn werden möchte, wenn ich mal groß bin. Ich antwortete: ›Glücklich.‹ Meine Lehrerin meinte, ich habe die Frage falsch verstanden. Ich wusste aber, sie hatte das Leben falsch verstanden.« *John Lennon*

Donnerstag

26

SEPTEMBER

Aus unserem neuen Buch *Alpha-Omega-Formel* – vegetarische Paella. Was Sie brauchen: 800 ml Gemüsebrühe / 3 rote Zwiebeln, fein geschnitten / 4 EL Pflanzenöl / 2 Knoblauchzehen, gepresst / 400 g Risotto-Reis / 1 TL Kurkuma, gemahlen / 1 TL Paprikapulver, geräuchert / 1 TL frischer Rosmarin, fein gehackt / 200 g Kirschtomaten, halbiert / 75 g Erbsen, gefroren und aufgetaut / 75 g Mais, gefroren und aufgetaut / 100 ml kalt gepresstes Olivenöl / 1 EL Koriandergrün, gehackt / 400 g Artischockenherzen aus dem Glas, abgetropft und halbiert oder 1 kleine Aubergine oder 1 Zucchini, in Scheiben geschnitten / Pflanzenöl *(Lesen Sie morgen weiter)*

Element:
Wasser
Tagesqualität:
Feuchte
Nahrungsqualität:
Kohlenhydrate
Pflanzenteil:
Blatt
Körperzone:
Brustbereich, Lunge
Organsystem:
Nervensystem

Krebs
abnehmender Mond

Element:
Feuer
Tagesqualität:
Wärme
Nahrungsqualität:
Eiweiß, Frucht
Pflanzenteil:
Frucht
Körperzone:
Herzregion, Kreislauf
Organsystem:
Sinnesorgane

Freitag 27 SEPTEMBER

(Fortsetzung von gestern) Und so geht's: Gemüsebrühe erhitzen, sodass sie in etwa 10 Minuten heiß ist. Zwiebeln in einer Pfanne in Pflanzenöl anbraten. Sobald sie gut gebräunt sind, Knoblauch hineinquetschen und kurz mitbraten. Reis, Kurkuma und Paprika hinzufügen und alles gut mischen. Kurz weiterbraten. Gemüsebrühe und Rosmarin zugeben und alles zum Kochen bringen. Deckel drauf und etwa 18–20 Minuten leise köcheln, bis der Reis gar ist. Dabei manchmal umrühren. Wenn Flüssigkeit fehlt, etwas nachgießen. Jetzt Kirschtomaten, Erbsen und Mais zufügen, gut mischen und weitere 4–5 Minuten auf kleiner Flamme kochen, bis alles gar ist. *(Lesen Sie morgen weiter)*

Löwe
abnehmender Mond

Samstag 28 SEPTEMBER

(Fortsetzung von gestern) Von der Platte nehmen und das Olivenöl samt Koriandergrün gründlich unterziehen. Dann in einer mittelgroßen Pfanne die halbierten Artischockenherzen (oder die Auberginen- oder Zucchinischeiben) in reichlich Pflanzenöl anbraten, leicht salzen und vor dem Servieren auf die Paella geben.
Die »echte« spanische Paella ist ein Meeresfrüchtegericht, aber Sie werden mit diesem Rezept Ihre Freude haben. Guten Appetit!

Element:
Feuer
Tagesqualität:
Wärme
Nahrungsqualität:
Eiweiß, Frucht
Pflanzenteil:
Frucht
Körperzone:
Herzregion, Kreislauf
Organsystem:
Sinnesorgane

Löwe
abnehmender Mond

Sonntag

29

SEPTEMBER

Element:
Feuer
Tagesqualität:
Wärme
Nahrungsqualität:
Eiweiß, Frucht
Pflanzenteil:
Frucht
Körperzone:
Herzregion, Kreislauf
Organsystem:
Sinnesorgane

Löwe
abnehmender Mond

Einfach zum Nachdenken

Als du geboren wurdest, hast du geweint,
und die Welt hat sich gefreut.
Lebe dein Leben so, dass wenn du stirbst,
die Welt weint und du dich freust.

Cherokee

Montag

30

SEPTEMBER

Moon Power für Garten, Feld und Wald. Aus der Trickkiste für einen lebendigen Garten in Harmonie mit dem Mondkalender: Dahlien graben wir im Herbst nicht aus, weil wir ohnehin nie gießen. Wenn auch Sie das tun, genügt es, Dahlien im Herbst bei abnehmendem Mond mit vielen Zweigen abzudecken. Sie kommen unfehlbar jedes Jahr wieder, schöner als zuvor. Während eines der letzten Winter hat sie sogar einmal versehentlich im Schnee ein Lastwagen platt gefahren. Wir haben uns sehr gefreut, als sie auch diese unsanfte Behandlung unbeschadet überstanden haben. Das künstliche »Eingießen« ist Mode geworden, aber nicht sinnvoll.

Jungfrau
abnehmender Mond

Element:
Erde
Tagesqualität:
Kälte
Nahrungsqualität:
Salz
Pflanzenteil:
Wurzel
Körperzone:
Verdauungsorgane
Organsystem:
Kreislauf

Element:
Erde
Tagesqualität:
Kälte
Nahrungsqualität:
Salz
Pflanzenteil:
Wurzel
Körperzone:
Verdauungsorgane
Organsystem:
Kreislauf

Dienstag

1

OKTOBER

Jungfrau
abnehmender Mond

Unser Buchtipp: »Meditieren zum richtigen Zeitpunkt«! Wir haben dieses kleine Büchlein geschrieben, weil erstens die Fähigkeit zur Meditation besonders in unserer Zeit gute Dienste leisten kann. Und zweitens: Weil Meditieren sehr viel einfacher ist, als sich die meisten vorstellen. Keinerlei Vorkenntnis ist nötig, ja nicht einmal Lehrer oder Kurse zum Thema. Lassen Sie sich überraschen!

Sparen mit dem Mondkalender – Brennholz gewinnen. Günstig während der ersten sieben Tage nach Neumond im Oktober oder generell nach der Wintersonnenwende bei abnehmendem Mond. Der Wipfel muss bergab liegen. Wenn Sie den richtigen Zeitpunkt einhalten, brennt das Holz nicht nur gut, sondern auch lange. Brennholz muss gut trocknen und viel Energie abgeben. Das Holz eignet sich auch zum Anzünden und erlischt nicht gleich wieder. Es kommt zu keinem Funkenflug, nur zu einem romantischen Knistern. Sie sparen Zeit und Geld.

Mittwoch

2

OKTOBER

Element:
Luft
Tagesqualität:
Licht
Nahrungsqualität:
Fett
Pflanzenteil:
Blüte
Körperzone:
Hüfte, Nieren, Blase
Organsystem:
Drüsensystem

19.49

Waage
Neumond

Donnerstag

3

OKTOBER

Tag der Dt. Einheit

Element:
Luft
Tagesqualität:
Licht
Nahrungsqualität:
Fett
Pflanzenteil:
Blüte
Körperzone:
Hüfte, Nieren, Blase
Organsystem:
Drüsensystem

Waage
zunehmender Mond

Einfach zum Nachdenken

Gestern war ich klug,
also wollte ich die Welt verändern.
Heute bin ich weise,
also ändere ich mich selbst.

Rumi (1207–1273)

Freitag

4

OKTOBER

Vom Tagesrhythmus der Organe. In unserer Besprechung der Organrhythmen geht es heute um die Zeit zwischen 21 und 23 Uhr – die Zeit der »allgemeinen Energiesammlung«. Wer in diesen beiden Stunden empfindlich gegen Kälte ist, wer gar nur in einem geheizten Raum einschlafen kann, sollte dieses Signal nicht übersehen. Irgendein körperliches oder seelisches Gleichgewicht ist aus den Fugen und bedarf der Aufmerksamkeit. Diese Zeit ist eigentlich für Entspannung und Regeneration gedacht. Um diese Uhrzeit verstärken sich Trauersituationen. Deshalb sollte man jetzt nichts überbewerten.

Waage
zunehmender Mond

Element:
Luft
Tagesqualität:
Licht
Nahrungsqualität:
Fett
Pflanzenteil:
Blüte
Körperzone:
Hüfte, Nieren, Blase
Organsystem:
Drüsensystem

Samstag 5 OKTOBER

Element:
Wasser
Tagesqualität:
Feuchte
Nahrungsqualität:
Kohlenhydrate
Pflanzenteil:
Blatt
Körperzone:
Geschlechtsorgane
Organsystem:
Nervensystem

Skorpion
zunehmender Mond

Gesund bleiben, gesund werden. Der Herbst verleitet oft dazu, sich gegen das Diktat der kühlen Temperaturen aufzulehnen und die Kleidung nicht anzupassen. Mit der bekannten Folge erhöhter Erkältungsgefahr. Sie geht an Skorpiontagen wie heute und morgen am stärksten von einer Unterkühlung der Beckenregion aus, aber auch von zu kalten Füßen. So mancher hat schon Grippe und Erkältungen fast endgültig gebannt, nur weil er stets darauf achtete, diese beiden Körperzonen warm zu halten, besonders zu Beginn der kühleren Jahreszeit. Also schützen Sie sich, etwa mit warmen Schuheinlagen und mit gut bedeckter Nierenregion.

Sonntag 6 OKTOBER

Einfach zum Nachdenken

Der Schüler ging zum Meister und fragte:
»Meister, wie kann ich mich von dem lösen,
was mich an die Vergangenheit haftet?«
Da stand der Meister auf, ging zu einem Baumstumpf,
umklammerte ihn und jammerte:
»Was kann ich tun, damit dieser Baum mich loslässt?«

Aus dem Zen-Buddhismus

Element:
Wasser
Tagesqualität:
Feuchte
Nahrungsqualität:
Kohlenhydrate
Pflanzenteil:
Blatt
Körperzone:
Geschlechtsorgane
Organsystem:
Nervensystem

Skorpion
zunehmender Mond

Montag

7

OKTOBER

Element:
Wasser
Tagesqualität:
Feuchte
Nahrungsqualität:
Kohlenhydrate
Pflanzenteil:
Blatt
Körperzone:
Geschlechtsorgane
Organsystem:
Nervensystem

Skorpion
zunehmender Mond

Gesund bleiben, gesund werden. Jetzt im Herbst finden Sie mancherorts noch junge Brennnesseln, etwa wenn irgendwo Brennnesseln abgemäht worden sind, die jetzt noch einmal frisch nachkommen. Die Brennnesseln können Sie wie Spinat verarbeiten oder für den Wintervorrat als Teekräuter aufbewahren. Im Frühjahr könnten Sie dann den Winterspeck mit einer Brennnessel-Teekur bei abnehmendem Mond vertreiben. Die spezielle Skorpion-Energie des heutigen Tages, die allen Heilkräutern eine besondere Wirkung verleiht, kommt Ihnen zusätzlich zu Hilfe. Jedoch nicht von Weges- und Straßenrändern sammeln!

Dienstag

8

OKTOBER

Der Mond – Ihr guter Freund in Haushalt und Alltag. Verschieben Sie schon seit einiger Zeit Routinearbeiten im Haus, etwa angefangen vom Hausputz bis zu Renovierungsarbeiten aller Art? Warten Sie ruhig noch ein paar Tage, weil die Zeit dafür sehr ungünstig ist. Wenn unbedingt nötig, dann bitte nur ein »Notputz«. Ab dem 18. Oktober herrscht wieder 14 Tage lang grünes Licht für gründliches Arbeiten. Und auch noch wichtig: Feuchte Schmutzwäsche sollte heute nicht lange liegen bleiben, weil sie bei zunehmendem Mond schneller modrig wird. Das gilt besonders für feuchte Badetücher, Badehosen und Decken, die schnell zu schimmeln beginnen.

Schütze
zunehmender Mond

Element:
Feuer
Tagesqualität:
Wärme
Nahrungsqualität:
Eiweiß, Frucht
Pflanzenteil:
Frucht
Körperzone:
Oberschenkel, Venen
Organsystem:
Sinnesorgane

Element:
Feuer
Tagesqualität:
Wärme
Nahrungsqualität:
Eiweiß, Frucht
Pflanzenteil:
Frucht
Körperzone:
Oberschenkel, Venen
Organsystem:
Sinnesorgane

Mittwoch

9

OKTOBER

Humor ist gute Medizin. Mark Twain war sehr befreundet mit dem Bischof einer Nachbarstadt. Daher ging er häufig zu dessen Predigten und blieb dann zu Tisch bei ihm. Eines Sonntags war der Bischof besonders stolz auf seine Predigt. Da bemerkte Mark Twain: »Ausgezeichnet! Aber wissen Sie, ich habe zu Hause ein Buch, in dem jedes Wort Ihrer Predigt enthalten ist.« Der Bischof protestierte: »Ich habe es wirklich nicht nötig, meine Predigten abzuschreiben.« Kein Wunder, dass Mark Twain den Bischof recht verstimmt zurückließ. Am nächsten Tag sandte er ihm ein Buch und schrieb dazu: »Hier ist das betreffende Buch, damit Sie sehen, dass ich nicht gelogen habe.« Es war ein Wörterbuch.

Schütze
zunehmender Mond

Schön sein, schön bleiben. Was bewirkt eigentlich die Wahl des richtigen Zeitpunkts bei einer nährenden Gesichtsmaske? Der Unterschied in der Wirkung solcher Behandlungen ist vielen bekannt, der Hauptgrund dafür nicht. Zwar ist es nicht der Mondstand allein, aber eine wesentliche Rolle spielt er sicherlich. An Steinbocktagen herrscht ein ganz besonderer Einfluss, was die Wirkung auf die Haut betrifft. Zwar sollte man die Hautpflege niemals vernachlässigen, aber ganz besonders nicht an Steinbocktagen. Gerade die Gesichtsmaske ist dann begünstigt.

Donnerstag

10

OKTOBER

Element:
Erde
Tagesqualität:
Kälte
Nahrungsqualität:
Salz
Pflanzenteil:
Wurzel
Körperzone:
Knie, Knochen, Haut
Organsystem:
Kreislauf

Steinbock
zunehmender Mond

Freitag

11

OKTOBER

Element:
Erde
Tagesqualität:
Kälte
Nahrungsqualität:
Salz
Pflanzenteil:
Wurzel
Körperzone:
Knie, Knochen, Haut
Organsystem:
Kreislauf

Steinbock
zunehmender Mond

Gesund bleiben, gesund werden. Steinbocktage haben einen besonderen Einfluss auf unser Blut. Zum Beispiel hat ein Zuviel an herkömmlichem, hochreinem Salz in der Ernährung an diesen Tagen eine belastendere Wirkung als sonst. Steigen Sie am besten auf unraffiniertes Steinsalz um, das körperfreundlicher wirkt (Tiere werden durch unser »normales« Salz krank!). Ihr Bioladen berät Sie. Und nicht vergessen: Trinken Sie an Steinbocktagen immer blutbildende Säfte (alle roten Säfte), sie haben dann eine sehr gute Wirkung, auch wenn gerade keine frischen Säfte verfügbar sind.

Samstag

12

OKTOBER

Gesund bleiben, gesund werden. Langes Sitzen wirkt unterschiedlich belastend auf den Körper und speziell auf die Beine – ein Umstand, der inzwischen sogar häufig in den Medien diskutiert wird. Generell wäre es sehr sinnvoll, sich zwischendurch zu bewegen und ein wenig Gymnastik und Dehnungsübungen zu machen, aber die spezielle Energie von Wassermanntagen wie heute und morgen macht eine solche Gymnastik zur Notwendigkeit! Empfindliche Menschen sollten jetzt nicht einmal eine Beinenthaarung machen, schon gar nicht mit chemischen Präparaten, von denen wir generell abraten!

Wassermann
zunehmender Mond

Element:
Luft
Tagesqualität:
Licht
Nahrungsqualität:
Fett
Pflanzenteil:
Blüte
Körperzone:
Unterschenkel, Venen
Organsystem:
Drüsensystem

Element:
Luft
Tagesqualität:
Licht
Nahrungsqualität:
Fett
Pflanzenteil:
Blüte
Körperzone:
Unterschenkel, Venen
Organsystem:
Drüsensystem

Sonntag

13

OKTOBER

Einfach zum Nachdenken

Unsere Seelen sind nur auf der Durchreise.
Unsere Aufgabe hier ist es, zu beobachten, zu lernen,
zu wachsen, zu lieben
und dann wieder nach Hause zurückzukehren.

Aborigines

Wassermann
zunehmender Mond

Fit »zum richtigen Zeitpunkt«! Als Gedächtnisstütze wieder eine Übung für die Fischetage, die wohl zu keinem Zeitpunkt anstrengend sein dürfte: Das »Sockengreifen«. Heben Sie dazu einfach kleine Gegenstände – Kugelschreiber, Socken usw. – mit den Zehen auf, mindestens sieben Mal. Sollte sich dabei ein kleiner Krampf einstellen, bitte sofort aufhören und die Zehen fest nach oben biegen. Ein solcher Krampf, der sich oft auch nachts einstellt, ist meist eine Folge von Magnesiummangel, der sich mit Salaten und Gemüse gut ausgleichen lässt. Atmen Sie bei dieser Gymnastik regelmäßig und tief.

Montag

14

OKTOBER

Element:
Wasser
Tagesqualität:
Feuchte
Nahrungsqualität:
Kohlenhydrate
Pflanzenteil:
Blatt
Körperzone:
Füße, Zehen
Organsystem:
Nervensystem

Fische
zunehmender Mond

Dienstag

15

OKTOBER

Element:
Wasser
Tagesqualität:
Feuchte
Nahrungsqualität:
Kohlenhydrate
Pflanzenteil:
Blatt
Körperzone:
Füße, Zehen
Organsystem:
Nervensystem

Fische
zunehmender Mond

Gesund bleiben, gesund werden. Zur Erinnerung: Es wäre heute wichtiger als jemals zuvor, in unserer Ernährung auf Qualität und bio zu achten, besonders aber an Fischetagen. Fischetage machen den Stoffwechsel empfindlicher. So mancher wird die Widdertage ab morgen mit Kopfschmerzen verbringen, ohne die Ursache zu ahnen. Viele gönnen sich ein echtes Zurückschalten nicht beziehungsweise schaffen es nicht, weil die Pflichten sich häufen. Nehmen Sie auf die vorherrschenden Energien Rücksicht und erledigen Sie das Notwendige Schritt für Schritt und mit Muße. Das dürfte heute etwas leichter fallen.

Mittwoch

16

OKTOBER

Der besondere Tipp. In unserem Buch »Lebenschance Tiroler Zahlenrad« machen wir Sie mit der besonderen Kraft der Zahlen Ihres Geburtsdatums bekannt, aber auch des aktuellen Datums. Wenn Sie gute Ideen haben, aber bisher niemand Ihnen zuhören wollte, dann versuchen Sie es einmal heute! Ihre »Geschichte« und Ihre Vorschläge werden Eindruck hinterlassen. Der heutige Tag kann allerdings auch viel Ungeduld bringen, wenn es mit der Planung hapert. Meiden Sie die Farben Schwarz und Blau in der Kleidung, weil sie die Kräfte dieses Tages noch verstärken würden und ins Gegenteil umschlagen lassen.

Widder
zunehmender Mond

Element:
Feuer
Tagesqualität:
Wärme
Nahrungsqualität:
Eiweiß, Frucht
Pflanzenteil:
Frucht
Körperzone:
Kopfbereich bis Oberkiefer
Organsystem:
Sinnesorgane

Donnerstag

17

OKTOBER

Element:
Feuer
Tagesqualität:
Wärme
Nahrungsqualität:
Eiweiß, Frucht
Pflanzenteil:
Frucht
Körperzone:
Kopfbereich bis Oberkiefer
Organsystem:
Sinnesorgane

12.26

Widder
Vollmond

Der besondere Tipp. Vollmond ist nicht gleich Vollmond. Besonders bei Vollmond in Widder liegt wieder einiges »in der Luft«. Viele Menschen fühlen sich an solchen Tagen nicht besonders auf der Höhe und reagieren je nach Grundstimmung mit Gereiztheit oder eher depressiven Unlustgefühlen. Gut aufgeklärt ist gut vorbereitet! Sie können jetzt vorbeugen, etwa indem Sie die Energien nicht überbewerten! Das »Geheimrezept« wäre jetzt, nichts von dem, was geschieht, allzu persönlich zu nehmen. Einfach so gut es geht überstehen, denn schon morgen bei Stier weht wieder ein anderer Wind.

Freitag

18

OKTOBER

Gesund bleiben, gesund werden. Jede Kräuterernte kann vom passenden Zeitpunkt im Mondkalender in besonderem Maße profitieren. Heute geerntete Salbeiblätter zum Beispiel haben eine besondere Kraft! Am besten schattig auf einem Holzrost, in einem Flechtkorb oder auf Zeitungspapier trocknen lassen. Die Blätter dürfen nicht aneinanderhaften, sondern müssen gut »atmen« können. Jetzt ist auch ein guter Zeitpunkt, um schon den Wintervorrat für Salbeitee anzulegen. Ein solcher Tee ist unvergleichlich, er wird Ihnen gute Dienste tun, wenn Sie es im Herbst und Winter einmal mit Halsschmerzen zu tun bekommen.

Element:
Erde
Tagesqualität:
Kälte
Nahrungsqualität:
Salz
Pflanzenteil:
Wurzel
Körperzone:
Unterkiefer, Halsregion
Organsystem:
Kreislauf

Stier
abnehmender Mond

Samstag

19

OKTOBER

Element:
Erde
Tagesqualität:
Kälte
Nahrungsqualität:
Salz
Pflanzenteil:
Wurzel
Körperzone:
Unterkiefer, Halsregion
Organsystem:
Kreislauf

Stier
abnehmender Mond

Gesund bleiben, gesund werden. Wenn das Jahr schon fortgeschritten und die Tage kürzer geworden sind, wirkt ein Sonnentag manchmal verführerisch, man sehnt sich nach wärmenden Strahlen und vergisst vielleicht den Schal oder ausreichend warme Schuhe. Wenn Stier herrscht wie heute, besteht jedoch Erkältungsgefahr! So mancher hat Erkältungen auf Jahre hinaus gebannt, indem er stets darauf achtete, Hals, Brust und Füße warm zu halten, besonders in den Übergangszeiten. Im Oktober/November verführt das Wunschdenken manchmal dazu, sich gegen dicke Schals zu wehren. Zumindest leichte, dünne Schals sollten es aber schon sein.

Sonntag

20

OKTOBER

Einfach zum Nachdenken

Auch wenn du verlierst,
verliere nie die Lektion!

Dalai Lama

Zwillinge
abnehmender Mond

Element:
Luft
Tagesqualität:
Licht
Nahrungsqualität:
Fett
Pflanzenteil:
Blüte
Körperzone:
Schultern, Arme, Hände
Organsystem:
Drüsensystem

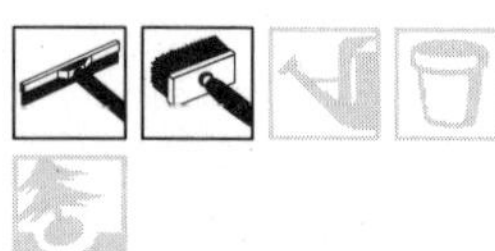

Montag

21

OKTOBER

Element:
Luft
Tagesqualität:
Licht
Nahrungsqualität:
Fett
Pflanzenteil:
Blüte
Körperzone:
Schultern, Arme, Hände
Organsystem:
Drüsensystem

Gesund bleiben, gesund werden. Viele LeserInnen wissen es schon: Daumenhalten hilft wirklich! Besonders an Zwillingetagen ist eine »Fingerarbeit« mit dem Daumen sinnvoll und wirksam. Über Energiekreisläufe steht der Daumen mit Magen und Milz in Verbindung, deren Funktion kann dadurch positiv beeinflusst werden. Gleichzeitig ist er mit einem sorgenvollen Gemütszustand verbunden. Die Arbeit am Daumen hilft verhindern, dass sich das Denken ständig um die eigenen Sorgen dreht. Jemandem »die Daumen zu halten« hat also den Nebeneffekt, dass es auch Ihnen besser geht. Einfach so lange halten, bis man fühlt: »Genug.«

Zwillinge
abnehmender Mond

Dienstag

22

OKTOBER

Moon Power für Garten, Feld und Wald. Wenn Sie lebende Zäune lieben, aber wenig Arbeit mit ihnen haben wollen, sollten Sie ihnen wieder heute oder morgen einen Schnitt verpassen. Die grünen Mauern wachsen bei Krebs im abnehmenden Mond zwar langsamer nach, dafür aber dicht und robust. Was für grüne Hecken gilt, gilt nicht für Ihr Haarkleid, wie manche LeserInnen meinten! Auch wenn es Sie noch so sehr danach verlangt: Sie sollten heute und morgen aufs Haareschneiden verzichten. Umso besser ist das Ergebnis dann vom 25. bis 28. Oktober. Warten Sie also noch, wenn möglich, und machen aber heute schon einen Termin.

Krebs
abnehmender Mond

Element:
Wasser
Tagesqualität:
Feuchte
Nahrungsqualität:
Kohlenhydrate
Pflanzenteil:
Blatt
Körperzone:
Brustbereich, Lunge
Organsystem:
Nervensystem

Mittwoch

23

OKTOBER

Element:
Wasser
Tagesqualität:
Feuchte
Nahrungsqualität:
Kohlenhydrate
Pflanzenteil:
Blatt
Körperzone:
Brustbereich, Lunge
Organsystem:
Nervensystem

Krebs
abnehmender Mond

Gesund bleiben, gesund werden. In der kalten Jahreszeit sind wir nicht nur Wind und Wetter ausgesetzt, wir hetzen oftmals zwischen Geschäften, U-Bahn und anderen geheizten Gebäuden hin und her. Wenn wir dann unter der warmen Kleidung ins Schwitzen kommen, neigen wir dazu, den Brustbereich zu kühlen. Das ist aber an Krebstagen wie heute sehr ungünstig. Der Brustbereich sollte niemals stärker abkühlen als die übrigen Körperregionen. So beugt man so mancher Erkältung vor. Das gilt auch für Babys. Eltern sollten viele Lätzchen vorrätig haben, damit sie ständig gewechselt werden können.

Donnerstag

24

OKTOBER

Moon Power für Garten, Feld und Wald. Gut geplant ist halb gewonnen: Naht auch bei Ihnen die Zeit, Balkonblumen, Geranien und Terrassenpflanzen wieder in geschützte Unterstände umzusiedeln? Wählen Sie auch für diese Arbeit unbedingt den richtigen Zeitpunkt! Wenn der Mond nämlich dabei gleichzeitig in Jungfrau steht, geben Sie den Pflanzen den nötigen Kraftimpuls mit, um im nächsten Jahr im Frühling zu neuem farbigen Leben zu erwachen und allen Freude zu bringen. Jungfrau kommt schon bald, nämlich nächsten Sonntag bis Dienstag!

Krebs
abnehmender Mond

Element:
Wasser
Tagesqualität:
Feuchte
Nahrungsqualität:
Kohlenhydrate
Pflanzenteil:
Blatt
Körperzone:
Brustbereich, Lunge
Organsystem:
Nervensystem

Element:
Feuer
Tagesqualität:
Wärme
Nahrungsqualität:
Eiweiß, Frucht
Pflanzenteil:
Frucht
Körperzone:
Herzregion, Kreislauf
Organsystem:
Sinnesorgane

Freitag

25

OKTOBER

Der Mond – Ihr guter Freund in Haushalt und Alltag. Ein Tipp für die Jahreszeit: Der richtige Zeitpunkt des Einlagerns von Brennholz entscheidet mit, ob es weiter trocknet und wie schnell oder ob der Trocknungsprozess stagniert. Am besten eignet sich ein Tag im abnehmenden Mond in einem Feuerzeichen (Widder, Löwe, Schütze). Ein Feuerzeichen ist zwar nicht zwingend nötig, aber Fisch, Krebs, Skorpion und Jungfrau sollten Sie auf jeden Fall meiden. Bei den Wasserzeichen bleibt es leichter feucht, und bei Jungfrau lockt das Holz Ungeziefer und Schimmel an. Grundsätzlich spielt die Jahreszeit des Einlagerns keine so große Rolle.

Löwe
abnehmender Mond

Samstag

26

OKTOBER

Österreichischer Nationalfeiertag

Einfach zum Nachdenken

Behandle die Erde gut:
Sie wurde dir nicht von deinen Eltern gegeben,
sie wurde dir von deinen Kindern geliehen.
Wir erben die Erde nicht von unseren Vorfahren;
wir leihen sie von unseren Kindern.

Cherokee

Element:
Feuer
Tagesqualität:
Wärme
Nahrungsqualität:
Eiweiß, Frucht
Pflanzenteil:
Frucht
Körperzone:
Herzregion, Kreislauf
Organsystem:
Sinnesorgane

Löwe
abnehmender Mond

Sonntag

27

OKTOBER

Element:
Erde
Tagesqualität:
Kälte
Nahrungsqualität:
Salz
Pflanzenteil:
Wurzel
Körperzone:
Verdauungsorgane
Organsystem:
Kreislauf

Jungfrau
abnehmender Mond

Einfach zum Nachdenken

Das Paradies ist kein Ort –
es ist ein Bewusstseinszustand.

Sri Chinmoy

Montag

28

OKTOBER

Aus unserem Buch *Alpha-Omega-Formel*: Glasierte Rote Bete mit schwarzen Senfkörnern. Was Sie brauchen: 6 mittelgroße Rote Bete (etwa 700 g) / ½ EL Kümmel / ½ TL Kurkuma, gemahlen / 2 EL leichtes Pflanzenöl (etwa Sesamöl) / ½ TL schwarze Senfkörner / ½ TL Salz / 1 TL Zucker. – *Und so geht's:* Rote Bete mit ganzem Kümmel gar dämpfen, wie Sie auch Kartoffeln garen würden. Am einfachsten geht's im Schnellkochtopf. Die gekochten Bete schälen und in etwa ½ cm dicke Stäbchen schneiden (wie Pommes frites). Mit Kurkuma in einer Schale gut vermischen. Öl in einer großen Pfanne stark erhitzen, die Senfkörner zugeben. *(Lesen Sie morgen weiter)*

Jungfrau
abnehmender Mond

Element:
Erde
Tagesqualität:
Kälte
Nahrungsqualität:
Salz
Pflanzenteil:
Wurzel
Körperzone:
Verdauungsorgane
Organsystem:
Kreislauf

Element:
Erde
Tagesqualität:
Kälte
Nahrungsqualität:
Salz
Pflanzenteil:
Wurzel
Körperzone:
Verdauungsorgane
Organsystem:
Kreislauf

Dienstag 29 OKTOBER

(Fortsetzung von gestern) Einen Topfdeckel bereithalten, weil die Senfkörner im heißen Fett wie Popcorn springen werden. Wenn sich die Senfkörner nach einigen Sekunden grau verfärben, die abgetropften Bete zugeben und gut mit dem senfaromatisierten Pflanzenöl mischen, Herdplatte ausschalten. Das Gemüse mit Salz und Zucker bestreuen, vermischen und nochmals zudecken. Eventuell nochmals abschmecken und heiß, warm oder gut gekühlt servieren. Dieses Rezept gehört zu unseren Lieblingsgerichten. Die Delikatesse kommt aus dem südwestlichen Indien und hält sich im Kühlschrank bis zu einer Woche.

Jungfrau
abnehmender Mond

Mittwoch 30 OKTOBER

Der besondere Tipp. LeserInnen fragen, der Mond antwortet: »Wann wäre grundsätzlich ein günstiger Zeitpunkt für Näharbeiten?« Im Wesentlichen wurde früher beim Nähen nur dann auf den Mondstand geachtet, wenn Haltbarkeit an erster Stelle stand, beispielsweise beim Zaumzeug für Pferde, bei Trachten und bei Lammfellprodukten. Es sollte dann abnehmender Mond herrschen und nicht Krebs oder Löwe. Viele Näherinnen kennen ja das Phänomen, dass bei abnehmendem Mond grundsätzlich alles besser und länger hält. Wenn später einmal Nähte geöffnet werden müssen, kann das allerdings ganz schön fuchsen.

Element:
Luft
Tagesqualität:
Licht
Nahrungsqualität:
Fett
Pflanzenteil:
Blüte
Körperzone:
Hüfte, Nieren, Blase
Organsystem:
Drüsensystem

Waage
abnehmender Mond

Donnerstag

31

OKTOBER

Reformationstag

Element:
Luft
Tagesqualität:
Licht
Nahrungsqualität:
Fett
Pflanzenteil:
Blüte
Körperzone:
Hüfte, Nieren, Blase
Organsystem:
Drüsensystem

Waage
abnehmender Mond

Einfach zum Nachdenken

Schmerz ist unvermeidlich.
Leiden ist freiwillig.

Susan S. Weed

Freitag

1

NOVEMBER

Allerheiligen

Einfach zum Nachdenken

Zerreiß deine Pläne. Sei klug
Und halte dich an Wunder.
Sie sind lang schon verzeichnet
Im großen Plan.
Jage die Ängste fort
Und die Angst vor den Ängsten.

aus: »Die paar leuchtenden Jahre«
von Mascha Kaléko

13.46

Skorpion
Neumond

Element:
Wasser
Tagesqualität:
Feuchte
Nahrungsqualität:
Kohlenhydrate
Pflanzenteil:
Blatt
Körperzone:
Geschlechtsorgane
Organsystem:
Nervensystem

Samstag 2 NOVEMBER

Element:
Wasser
Tagesqualität:
Feuchte
Nahrungsqualität:
Kohlenhydrate
Pflanzenteil:
Blatt
Körperzone:
Geschlechtsorgane
Organsystem:
Nervensystem

Vom Tagesrhythmus der Organe. Wer Probleme mit der Galle hat, für den sind feuchtwarme Umschläge zwischen 23 und 1 Uhr nachts eine Wohltat, weil die Galle dann am besten arbeitet. Trinken Sie dazu heißen Tee schluckweise, keinesfalls kalte Getränke. Rettichsaft ist ein gutes unterstützendes Mittel. Der Darm sollte entlastet, notfalls mit einem Einlauf ganz entleert sein, der Körper muss warm gehalten werden. Dann kommt eine angeschlagene Galle wieder »auf die Beine«.

Skorpion
zunehmender Mond

Sonntag 3 NOVEMBER

Einfach zum Nachdenken

»Der Klügere gibt nach.«
Das ist in vielen Fällen sehr sinnvoll.
Manchmal aber ebnet man damit
einem zukünftigen Tyrannen den Weg.

Ron Fischer

Element:
Wasser
Tagesqualität:
Feuchte
Nahrungsqualität:
Kohlenhydrate
Pflanzenteil:
Blatt
Körperzone:
Geschlechtsorgane
Organsystem:
Nervensystem

Skorpion
zunehmender Mond

Montag

4

NOVEMBER

Element:
Feuer
Tagesqualität:
Wärme
Nahrungsqualität:
Eiweiß, Frucht
Pflanzenteil:
Frucht
Körperzone:
Oberschenkel, Venen
Organsystem:
Sinnesorgane

Schütze
zunehmender Mond

Der Mond – Ihr guter Freund in Haushalt und Alltag. Das nachlassende Tageslicht lädt in vielen Familien dazu ein, ein wenig mehr Zeit mit den Kindern zu verbringen: Da trifft es sich vielleicht gut, dass die Tage bis zum Vollmond am 15. November eine ideale Zeit zum Schneiden von Zweigen für Adventsgestecke bringen. Der Schmuck bleibt lange haltbar und schön anzuschauen. Generell sollten Sie bei allen selbst gebastelten Dingen auf den zunehmenden Mond achten. Das Tierkreiszeichen spielt dabei keine so große Rolle. Bei abnehmendem Mond würden die verwendeten Materialien – Zweige, Bast, Stroh usw. – oftmals zu schnell brüchig werden.

Dienstag

5

NOVEMBER

Heute zum letzten Mal in diesem Jahr: aus unserem neuen Buch *Alpha-Omega-Formel* und natürlich muss es ein feines Dessert sein, nämlich **Raffaelo-Creme!** Was Sie brauchen: 180 ml Mandeldrink, ungesüßt / 150 g Rohrohrzucker / 1 Päckchen Vanillezucker / 2 EL Speisestärke (Tapioka, Maisstärke etc.) / 200 g Kokosflocken / 70 g Pekannüsse, gehackt.
Und so geht's: Mandeldrink, Zucker und Vanillezucker in einem Topf bei mittlerer Hitze unter Rühren erhitzen, bis sich der Zucker aufgelöst hat. Speisestärke mit 2–3 EL kaltem Wasser in einer kleinen Schüssel glatt rühren, dann zum Mandeldrink in den Topf gießen. *(Lesen Sie morgen weiter)*

Element:
Feuer
Tagesqualität:
Wärme
Nahrungsqualität:
Eiweiß, Frucht
Pflanzenteil:
Frucht
Körperzone:
Oberschenkel, Venen
Organsystem:
Sinnesorgane

Schütze
zunehmender Mond

Mittwoch

6

NOVEMBER

Element:
Erde
Tagesqualität:
Kälte
Nahrungsqualität:
Salz
Pflanzenteil:
Wurzel
Körperzone:
Knie, Knochen, Haut
Organsystem:
Kreislauf

Steinbock
zunehmender Mond

(Fortsetzung von gestern) Bei schwacher Hitze so lange köcheln lassen und rühren, bis die Milch andickt (zwischen 8 und 12 Minuten). Jetzt den Topf vom Herd nehmen und Kokosflocken und Pekannüsse einrühren. Die Creme abkühlen lassen und dann zimmerwarm servieren. Das Rezept ist für 3–4 Personen berechnet. Mit der Menge der Kokosflocken lässt sich steuern, welche Konsistenz die Creme bekommt. Sie können sie so fest werden lassen, dass Sie Kugeln daraus rollen können, vielleicht mit einer ganzen Haselnuss in der Mitte? Und dann in Kokosflocken oder geschmolzener Schokolade wälzen? Lassen Sie Ihre Fantasie spielen! Die Kugeln sind auch ein begehrtes, nicht alltägliches Mitbringsel.

Donnerstag

7

NOVEMBER

Gesund bleiben, gesund werden. Die »Eigenbluttherapie« gehört zu den wirksamsten Therapieformen bei einer Vielzahl von Problemen, u. a. bei kalten Füßen, zur Stärkung des Immunsystems, bei Ängsten aller Art, innerer Unruhe. Sie geschieht am besten bei zunehmendem Mond in Stier, Jungfrau oder Steinbock. Die Wirkungsweise ähnelt der der Homöopathie, der Bachblütentherapie und manch anderen Heilweisen, die auf der Fähigkeit des Körpers beruhen, die Information feinster Schwingungen aufzunehmen und sinnvoll zu verarbeiten. Es würde sich lohnen, sich eingehender mit Homöopathie und besonders mit der Bachblütenmethode zu befassen.

Element:
Erde
Tagesqualität:
Kälte
Nahrungsqualität:
Salz
Pflanzenteil:
Wurzel
Körperzone:
Knie, Knochen, Haut
Organsystem:
Kreislauf

Steinbock
zunehmender Mond

Freitag

8

NOVEMBER

Element:
Luft
Tagesqualität:
Licht
Nahrungsqualität:
Fett
Pflanzenteil:
Blüte
Körperzone:
Unterschenkel, Venen
Organsystem:
Drüsensystem

Wassermann
zunehmender Mond

Gesund bleiben, gesund werden. Krampfaderoperationen, Venenverödungen – diese Eingriffe zählen zu den häufigsten überhaupt im Chirurgenstand. Die Ursachenzusammenhänge sind nicht selten mangelnde Bewegung und belastende Ernährung. Aber das wissen Sie sicherlich dank Ihres treuen Mondkalenders schon. Weil sie ja nur selten dringlich sind, achten viele Ärzte heute schon mit viel Erfolg auf den richtigen Zeitpunkt solcher Eingriffe – nämlich den abnehmenden Mond, wobei sic die Tierkreiszeichen meiden, die diese Region beeinflussen, Schütze und Wassermann.

Samstag

9

NOVEMBER

Der besondere Tipp. Persönliche Erfahrung ist besser als Bücherwissen. Es gibt eine unfehlbare Methode, um Gartenscheren, Messer und Sensen sehr stumpf zu machen – so stumpf, dass sie tatsächlich kaum mehr so scharf geschliffen werden können wie im Originalzustand: Wenn Sie sie nachts bei Vollmond draußen liegen lassen! Sie möchten diese Regel testen? Lassen Sie eine Rasierklinge kommende Freitagnacht auf dem Fensterbrett draußen liegen. Das anschließende Rasieren macht sicherlich keinen Spaß! Handwerkszeug sollte immer sorgfältig verräumt werden und ganz besonders an Vollmond.

Wassermann
zunehmender Mond

Element:
Luft
Tagesqualität:
Licht
Nahrungsqualität:
Fett
Pflanzenteil:
Blüte
Körperzone:
Unterschenkel, Venen
Organsystem:
Drüsensystem

Element:
Luft
Tagesqualität:
Licht
Nahrungsqualität:
Fett
Pflanzenteil:
Blüte
Körperzone:
Unterschenkel, Venen
Organsystem:
Drüsensystem

Sonntag
10
NOVEMBER

Einfach zum Nachdenken

Jungen Mädchen wird oft erzählt,
dass sie eine zarte Prinzessin sein müssen.
Hermione sah das glücklicherweise anders.

Emma Watson

Wassermann
zunehmender Mond

Gesund bleiben, gesund werden. Fische beeinflusst auch die Verdauung, speziell bei jedem »Zuviel«! Ein sehr gutes Mittel bei verschiedensten Problemen mit der Verdauung ist die Kalmuswurzel. Sie behebt auch so manche indirekten Probleme und Symptome, die sich aus einer gestörten Verdauung ergeben (Hautprobleme, chronische Müdigkeit etc.). Die Anwendung erfolgt am besten als Tee mit kochendem Wasser, den man mindestens 7 bis 10 Minuten ziehen lässt. Auch Frischsaft- und Badezusatzanwendungen sind möglich und erfolgreich. Kalmuswurzel ist problemlos in Kräuterhandlungen zu haben oder zu bestellen.

Montag
11
NOVEMBER

Element:
Wasser
Tagesqualität:
Feuchte
Nahrungsqualität:
Kohlenhydrate
Pflanzenteil:
Blatt
Körperzone:
Füße, Zehen
Organsystem:
Nervensystem

Fische
zunehmender Mond

Dienstag

12

NOVEMBER

Element:
Wasser
Tagesqualität:
Feuchte
Nahrungsqualität:
Kohlenhydrate
Pflanzenteil:
Blatt
Körperzone:
Füße, Zehen
Organsystem:
Nervensystem

Fische
zunehmender Mond

Einfach zum Nachdenken

Ein Butterbrot gerne
und ohne die Erwartung einer
Gegenleistung gegeben
ist tausendmal gesünder und kraftspendender
als das beste Sechs-Gänge-Festmahl,
mit dem man die Gäste nur beeindrucken will.

Ron Fischer

Mittwoch

13

NOVEMBER

Gesund bleiben, gesund werden. Kurz vor Vollmond wieder der Tipp fürs Wohlbefinden und die gute Figur: Jetzt wären wieder ideale Fastentage! Generell bewirken zunehmender Mond und besonders die Tage vor Vollmond, dass der Körper alles, was man zu sich nimmt, wirksamer speichert – und das bekommt nicht nur die Waage zu spüren. Lassen Sie sich heute nicht von der Widder-Hektik anstecken. Ob das Glas halb voll oder halb leer ist, die Entscheidung liegt immer bei Ihnen!

Widder
zunehmender Mond

Element:
Feuer
Tagesqualität:
Wärme
Nahrungsqualität:
Eiweiß, Frucht
Pflanzenteil:
Frucht
Körperzone:
Kopfbereich bis Oberkiefer
Organsystem:
Sinnesorgane

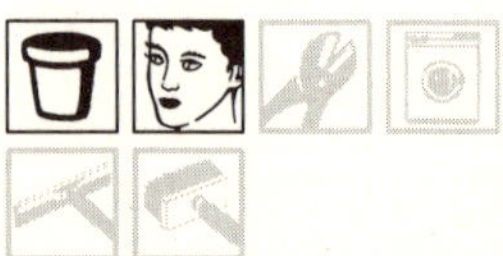

Element:
Feuer
Tagesqualität:
Wärme
Nahrungsqualität:
Eiweiß, Frucht
Pflanzenteil:
Frucht
Körperzone:
Kopfbereich bis Oberkiefer
Organsystem:
Sinnesorgane

Donnerstag
14
NOVEMBER

Widder
zunehmender Mond

Der besondere Tipp. Vollmond und Mond im Tierkreiszeichen Stier morgen, das ist eine besondere Mischung: Da wollen nämlich viele Menschen einfach mal nur recht haben, statt in Ruhe nachzudenken. Lassen Sie sich vom gereizten Klima nicht mitreißen, das in der Luft liegt. So mancher wird schlecht geschlafen haben, das verbessert nicht unbedingt die Laune. Obendrein marschiert bei Stier alles einen Gang langsamer als sonst, was bei den Schnellen im Land auch nicht gerade gut ankommt. Einem Autofahrer würden wir den Rat geben: Einfach genügend Abstand halten, dann kann nichts schiefgehen.

Der Mond – Ihr guter Freund in Haushalt und Alltag. Heimwerken am Wochenende angesagt? Morgen herrscht ein idealer Tag für Renovierungsarbeiten aller Art, besonders wenn Sie biologische Werkstoffe verwenden! Mit bio könnten wir alle sehr viel dazu beitragen, dass sich unsere Kinder und Enkel nicht mehr in demselben Maße wie wir mit Krankheiten und Allergien aller Art plagen müssen. Wir werden sicher nicht müde werden, daran zu erinnern, dass jede unserer Kaufentscheidungen weitreichende Folgen für unsere Gesundheit und Umwelt hat. Der Einzelne hat viel mehr Einfluss aufs Weltgeschehen als nur durchs Wählen alle vier Jahre!

Freitag
15
NOVEMBER

Element:
Erde
Tagesqualität:
Kälte
Nahrungsqualität:
Salz
Pflanzenteil:
Wurzel
Körperzone:
Unterkiefer, Halsregion
Organsystem:
Kreislauf

22.29

Stier
Vollmond

Samstag

16

NOVEMBER

Element:
Erde
Tagesqualität:
Kälte
Nahrungsqualität:
Salz
Pflanzenteil:
Wurzel
Körperzone:
Unterkiefer, Halsregion
Organsystem:
Kreislauf

Stier
zunehmender Mond

Der Mond – Ihr guter Freund in Haushalt und Alltag. Ungeliebte Arbeiten mit dem richtigen Zeitpunkt im Mondkalender abgleichen – das ist das ganze Geheimnis so mancher schnell und erfolgreich erledigter »Sisyphus«-Arbeit. Deshalb heute zur Erinnerung: Der Mond unterstützt bis zum 30. November die Reinigung von grobem Schmutz. Was auch immer Sie anpacken, beachten Sie jedoch: An Wassertagen (Krebs, Skorpion, Fische) im abnehmenden Mond gereinigte Dinge sollten nicht im feuchten Zustand verstaut werden, besonders dann nicht, wenn sie dauerhaft überwintern sollen. Einfach abwarten, bis alles gründlich abgetrocknet ist.

Sonntag

17

NOVEMBER

Einfach zum Nachdenken

Glück entsteht oft durch Aufmerksamkeit
in kleinen Dingen,
Unglück oft durch Vernachlässigung kleiner Dinge.

Wilhelm Busch

Zwillinge
abnehmender Mond

Element:
Luft
Tagesqualität:
Licht
Nahrungsqualität:
Fett
Pflanzenteil:
Blüte
Körperzone:
Schultern, Arme, Hände
Organsystem:
Drüsensystem

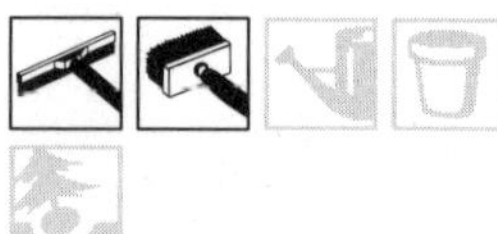

Element:
Luft
Tagesqualität:
Licht
Nahrungsqualität:
Fett
Pflanzenteil:
Blüte
Körperzone:
Schultern, Arme, Hände
Organsystem:
Drüsensystem

Montag 18 NOVEMBER

Zwillinge
abnehmender Mond

Moon Power für Garten, Feld und Wald. Wenn Sie gerne im Herbst Blumenzwiebeln setzen, dann sollten Sie es heute und morgen tun, aber nur, wenn es die Witterung zulässt beziehungsweise der Boden nicht gefroren ist. Blütentage wie Zwillinge beeinflussen die spätere Entwicklung im Frühling positiv, und der abnehmende Mond hilft mit, dass sie bei einem Wärmeeinbruch beziehungsweise an Föhntagen nicht zu früh austreiben und dann später erfrieren. Die Blumen kommen zudem im Frühling schneller hervor. Wenn Sie erst im nächsten Frühling setzen, sollten Sie allerdings den zunehmenden Mond bevorzugen.

Dienstag 19 NOVEMBER

Der Mond – Ihr guter Freund in Haushalt und Alltag. An Krebstagen im Oktober/November möchte man oft am liebsten eine Schale um sich bauen und Winterschlaf halten bis zum Frühling. Eine wirksame Medizin besteht darin, die Lichtquellen bei Ihnen zu Hause zu begutachten und vielleicht auf Lampen mit Tageslichtspektrum zu wechseln. Ein Tipp zur Entschärfung des Spätherbstes: Musik! Freunden Sie sich eventuell mit klassischer Musik an. Das wäre ein guter Anfang und nach unserer Erfahrung ein wirksames Mittel gegen den Novemberblues.

Element:
Wasser
Tagesqualität:
Feuchte
Nahrungsqualität:
Kohlenhydrate
Pflanzenteil:
Blatt
Körperzone:
Brustbereich, Lunge
Organsystem:
Nervensystem

Krebs
abnehmender Mond

Mittwoch

20

NOVEMBER
Buß- und Bettag

Element:
Wasser
Tagesqualität:
Feuchte
Nahrungsqualität:
Kohlenhydrate
Pflanzenteil:
Blatt
Körperzone:
Brustbereich, Lunge
Organsystem:
Nervensystem

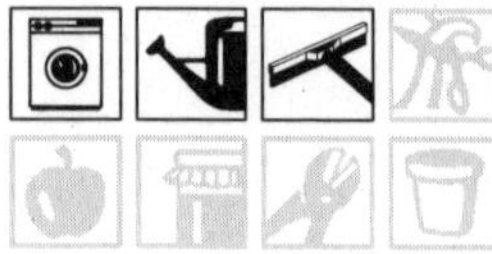

Krebs
abnehmender Mond

Einfach zum Nachdenken

Mut brüllt nicht immer nur.
Mut kann auch die leise Stimme
am Ende des Tages sein, die sagt:
Morgen versuche ich es noch mal.

Mary Anne Radmacher

Donnerstag

21

NOVEMBER

Aus dem »Mondlexikon« – E wie Einfrieren. Viele Anfragen erreichten uns, ob der Mond nicht auch beim Einfrieren von Lebensmitteln helfen kann. Einfrieren ist ja eine sehr gute Konservierungsmethode, vielleicht sogar von allen die beste. Aber alles in allem haben wir persönlich nicht so viel Erfahrung mit dem Einfrieren. Alles deutet aber darauf hin, dass es sinnvoll ist, Früchte an Fruchttagen (Widder, Löwe und Schütze) und Blattgemüse an Blatttagen (Krebs, Skorpion und Fische) einzufrieren. Aufgetautes schmeckt dann besser, wird nicht so wässrig oder zerfällt nicht gleich.

Löwe
abnehmender Mond

Element:
Feuer
Tagesqualität:
Wärme
Nahrungsqualität:
Eiweiß, Frucht
Pflanzenteil:
Frucht
Körperzone:
Herzregion, Kreislauf
Organsystem:
Sinnesorgane

Element:
Feuer
Tagesqualität:
Wärme
Nahrungsqualität:
Eiweiß, Frucht
Pflanzenteil:
Frucht
Körperzone:
Herzregion, Kreislauf
Organsystem:
Sinnesorgane

Freitag 22 NOVEMBER

Sparen mit dem Mondkalender – Obstbäume schneiden. Günstig in den Wintermonaten bei abnehmendem Mond, ideal aber am letzten Fruchttag (Widder, Löwe, Schütze) vor Neumond. Wenn Sie den richtigen Zeitpunkt einhalten, verliert der Baum nicht an Kraft, die Fruchtbildung wird auf natürliche Weise angeregt und die Ernte kann jedes Jahr erfolgen. Die Anfälligkeit für Pilze und andere Krankheiten verringert sich. Es entsteht kein Platzmangel durch falsche Blüten. Das Obst kann reifen, ohne dass Äste brechen, es ist widerstandsfähiger gegen lange Regenphasen und gegen lange Trockenheit. Auch sind die Früchte länger haltbar. Sie sparen Zeit und Mühe.

Löwe
abnehmender Mond

Samstag 23 NOVEMBER

Moon Power für Garten, Feld und Wald. Morgen bringt Jungfrau den vielleicht letzten günstigen Tag im Jahr fürs Pflanzen von Bäumen und Sträuchern jeder Art. Ein Tipp: Wir haben oft erlebt, dass Pflanzen, denen man gut gemeint Pferdemist als Dünger beim Einsetzen beigibt, trotz der Wahl des richtigen Zeitpunkts nach ein oder zwei Jahren kümmern und verdorren. Kaum eine Pflanze verträgt Pferdemist, weil er sehr »heiß« ist. Er ist am besten weit unterhalb eines Früh- oder Hochbeets aufgehoben, wo seine Wärme sinnvoll wirken kann. Besser wäre beim Neupflanzen: Richtigen Zeitpunkt wählen und angießen, fertig!

Element:
Feuer
Tagesqualität:
Wärme
Nahrungsqualität:
Eiweiß, Frucht
Pflanzenteil:
Frucht
Körperzone:
Herzregion, Kreislauf
Organsystem:
Sinnesorgane

Löwe
abnehmender Mond

Sonntag

24

NOVEMBER

Element:
Erde
Tagesqualität:
Kälte
Nahrungsqualität:
Salz
Pflanzenteil:
Wurzel
Körperzone:
Verdauungsorgane
Organsystem:
Kreislauf

Jungfrau
abnehmender Mond

Einfach zum Nachdenken

Ich möchte, dass man sich an mich
als einen Menschen erinnert,
der frei sein wollte …
damit auch andere frei wären.

Rosa Louise Parks

Montag

25

NOVEMBER

Gesund bleiben, gesund werden. Am Verdauungstag Jungfrau ein Tipp für die kommende Weihnachtszeit: Die Wiederentdeckung alter Backtraditionen macht die vielen Allergien leichter beherrschbar. Verwenden Sie ein einfaches Grundrezept, vielleicht auch glutenfrei, Abwandlungen mit verschiedenen Gewürzen und Verzierungen, die besonders bei Kindern gut ankommen – das genügt für einen fröhlichen Weihnachtsteller. Wenn Sie gesundes Biodinkelmehl verwenden, sieben Sie es vor der Verarbeitung. Die Kekse werden dann feiner, der Teig lässt sich leichter ausrollen. Mit Dinkel gebacken müssen Sie den Teig nicht unbedingt vorher im Kühlschrank ruhen lassen!

Jungfrau
abnehmender Mond

Element:
Erde
Tagesqualität:
Kälte
Nahrungsqualität:
Salz
Pflanzenteil:
Wurzel
Körperzone:
Verdauungsorgane
Organsystem:
Kreislauf

Element:
Luft
Tagesqualität:
Licht
Nahrungsqualität:
Fett
Pflanzenteil:
Blüte
Körperzone:
Hüfte, Nieren, Blase
Organsystem:
Drüsensystem

Dienstag
26
NOVEMBER

Waage
abnehmender Mond

Der Mond – Ihr guter Freund in Haushalt und Alltag. Wenn es Ihnen wie uns geht, werden Sie in der kalten Jahreszeit wohl eher nur selten ans Fensterputzen denken, deshalb ein praktischer Tipp zum Thema »richtiger Zeitpunkt«: Heute wäre die beste Gelegenheit, die »Augen« unserer Behausungen, die Scheiben und Rahmen noch einmal zu reinigen. Die Fenster bleiben viel länger sauber, und Sie brauchen keine chemischen Mittel – Wasser, ein Schuss Spiritus und Zeitungspapier tun es auch. Generell wäre heute ein idealer Tag, um jeglichen großen Hausputz in Angriff zu nehmen.

Mittwoch
27
NOVEMBER

Der Mond – Ihr guter Freund in Haushalt und Alltag. Eine Leserin fragte, wie man alten Rauch aus einer neu gemieteten Wohnung beseitigen kann. Als wichtigsten Schritt sollte man das Haus bei abnehmendem Mond an einem Lichttag wie heute (Zwillinge, Waage, Wassermann) ausräuchern. Dazu Weihrauch oder getrockneten Salbei auf Räucherkohle legen und bei anfangs geschlossenen und dann bei offenen Fenstern stark räuchern. Dann die Fenster noch einige Stunden offen lassen. In dieser Zeit nicht im Raum bleiben, auch nicht während des Räucherns. Ideal wäre danach ein neuer Anstrich, ebenfalls bei abnehmendem Mond.

Element:
Luft
Tagesqualität:
Licht
Nahrungsqualität:
Fett
Pflanzenteil:
Blüte
Körperzone:
Hüfte, Nieren, Blase
Organsystem:
Drüsensystem

Waage
abnehmender Mond

Donnerstag

28

NOVEMBER

Element:
Luft
Tagesqualität:
Licht
Nahrungsqualität:
Fett
Pflanzenteil:
Blüte
Körperzone:
Hüfte, Nieren, Blase
Organsystem:
Drüsensystem

Waage
abnehmender Mond

Einfach zum Nachdenken

Wer mit den Hunden schlafen geht,
wacht mit Flöhen auf.
Wer Rosen schenkt,
bringt Gesichter zum Leuchten.
Lebenskunst heißt auch,
nicht überrascht zu sein,
wenn wir ernten, was wir gesät haben.

Ron Fischer

Freitag

29

NOVEMBER

Gesund bleiben, gesund werden. Vielleicht kennen Sie schon aus unseren Büchern und Kalendern die Regel, dass Kräuter an Skorpion gesammelt generell eine hohe Wirksamkeit besitzen, unabhängig davon, für welchen Zweck sie verwendet werden. Heute möchten wir daran erinnern, dass das auch für Kräuter aus Topfpflanzen oder Gewächshäusern gilt! Seltsam ist, dass die Kräuter sehr viel weniger wirksam sind, wenn sie freitags und sonntags gesammelt werden – auch wenn Skorpion herrscht. Warum das so ist? Es ist ein altes Erfahrungswissen, das sich nur durch sich selbst begründet. Also erst morgen ernten!

Skorpion
abnehmender Mond

Element:
Wasser
Tagesqualität:
Feuchte
Nahrungsqualität:
Kohlenhydrate
Pflanzenteil:
Blatt
Körperzone:
Geschlechtsorgane
Organsystem:
Nervensystem

Samstag 30 NOVEMBER

Element:
Wasser
Tagesqualität:
Feuchte
Nahrungsqualität:
Kohlenhydrate
Pflanzenteil:
Blatt
Körperzone:
Geschlechtsorgane
Organsystem:
Nervensystem

Skorpion
abnehmender Mond

Gesund bleiben, gesund werden. Kalte Füße und eine schlecht durchwärmte Becken- und Nierengegend können an Skorpion leicht zu Entzündungen von Blase und Nieren führen. Auf Christkindlmärkten, in Kirchen oder anderen kühlen Orten deshalb vorsorgen! So manchen rettet auch ein heißer Glühwein! Empfindliche Körperregionen an Skorpion immer gut durchwärmt halten (jedoch nicht so warm, dass man schwitzt) – und Sie haben viel für sich und Ihre Gesundheit getan. Dazu gehören auch die Fußsohlen, der Brustbereich, der obere Rücken, Hals und Kopf. Bei Babys und Kindern besonders wichtig!

Sonntag 1 DEZEMBER

1. Advent

Medizin für die Seele. Es ist euch gesagt worden, das Leben sei Dunkelheit, und in eurer Erschöpfung gebt ihr wieder, was die Erschöpften sagten. Und ich sage, das Leben ist in der Tat Dunkelheit, wenn der Antrieb fehlt. Und aller Antrieb ist blind, wenn das Wissen fehlt. Und alles Wissen ist vergeblich, wenn die Arbeit fehlt. Und alle Arbeit ist leer, wenn die Liebe fehlt. Wenn ihr mit Liebe arbeitet, bindet ihr euch an euch selbst und aneinander und an Gott.

Khalil Gibran

Element:
Feuer
Tagesqualität:
Wärme
Nahrungsqualität:
Eiweiß, Frucht
Pflanzenteil:
Frucht
Körperzone:
Oberschenkel, Venen
Organsystem:
Sinnesorgane

07.20

Schütze
Neumond

Montag

2

DEZEMBER

Element:
Feuer
Tagesqualität:
Wärme
Nahrungsqualität:
Eiweiß, Frucht
Pflanzenteil:
Frucht
Körperzone:
Oberschenkel, Venen
Organsystem:
Sinnesorgane

Schütze
zunehmender Mond

Der Mond – Ihr guter Freund in Haushalt und Alltag. Backen Sie in der Weihnachtszeit gerne Plätzchen und Kekse? Heute könnten Sie getrost damit beginnen, die Vorräte an Weihnachtskeksen anzulegen. Der Teig lässt sich gut verarbeiten, das Gebäck wird locker und bleibt lange frisch. Vielleicht geht es Ihnen aber auch wie vielen anderen Familien: So manches Ergebnis eines langen fröhlichen Backtages landet lange vor seiner Bestimmung im Magen. Und je mehr Freude Sie am Backen haben, desto wahrscheinlicher wird es geschehen. Deshalb unser Tipp: Verstauen Sie die Kekse am besten in Blechdosen und außer Sichtweite.

Dienstag

3

DEZEMBER

Gesund bleiben, gesund werden. Wenn Sie einmal ein »dickes Knie« bekommen, lassen Sie nicht einfach mechanisch oder mit chemischen Keulen die Flüssigkeit entziehen, nur um später unter Nebenwirkungen zu leiden oder immer wieder dasselbe erleben zu müssen. Überlegen Sie in Ruhe, welche eigentliche Ursache hinter dem Symptom steckt. Solche Depots legt der Körper manchmal an, um nicht vergiftet zu werden. Oft müssten wir als beste Therapie nur für genug Wasser in den »Waschanlagen« des Körpers sorgen (Leber, Nieren, Blase usw.). Nur das Kennenlernen der Ursachen führt zu erfolgreicher Therapie.

Steinbock
zunehmender Mond

Element:
Erde
Tagesqualität:
Kälte
Nahrungsqualität:
Salz
Pflanzenteil:
Wurzel
Körperzone:
Knie, Knochen, Haut
Organsystem:
Kreislauf

Mittwoch

4

DEZEMBER

Element:
Erde
Tagesqualität:
Kälte
Nahrungsqualität:
Salz
Pflanzenteil:
Wurzel
Körperzone:
Knie, Knochen, Haut
Organsystem:
Kreislauf

Gesund bleiben, gesund werden. Die Jahreszeit mit eher nährstoffarmer Ernährung ist längst angebrochen, und da wäre es besonders an Steinbock eine gute Idee, blutbildende rote Säfte zu trinken: Schwarze Johannisbeere, Rote Bete usw. Allerdings nur, wenn es Ihnen wirklich zusagt! Seit langer Zeit wird uns hier eine Vielzahl falscher Vorstellungen eingetrichtert. Tatsache ist, dass kein Mensch glücklich ist, nur weil er schlank ist – und kein Mensch unglücklich, nur weil er übergewichtig ist. Der Nährboden für echtes Glück beginnt immer im eigenen Kopf und Herz. Die richtige Ernährung spielt dabei eine große Rolle.

Steinbock
zunehmender Mond

Donnerstag

5

DEZEMBER

Gesund bleiben, gesund werden. Ein Tipp: Tragen Sie heute und in den nächsten Tagen Ihre bequemsten Schuhe, wenn Sie viel zu laufen haben, und überlasten Sie Ihre Fußgelenke nicht. Alle Gelenke und Beinmuskeln, vor allem aber Ihre Knie werden es Ihnen danken. Wir wünschen Ihnen auch in diesem Jahr von Herzen, dass Sie persönlich dazu beitragen werden, die Weihnachtszeit mit etwas weniger Hektik zu überstehen. Und wenn es an die Auswahl der Geschenke geht: Einfach daran denken, was Ihnen selbst die meiste Freude macht und gemacht hat. Waren das nicht fast immer die »Kleinigkeiten« von Herzen?

Element:
Erde
Tagesqualität:
Kälte
Nahrungsqualität:
Salz
Pflanzenteil:
Wurzel
Körperzone:
Knie, Knochen, Haut
Organsystem:
Kreislauf

Steinbock
zunehmender Mond

Freitag

6

DEZEMBER

Element:
Luft
Tagesqualität:
Licht
Nahrungsqualität:
Fett
Pflanzenteil:
Blüte
Körperzone:
Unterschenkel, Venen
Organsystem:
Drüsensystem

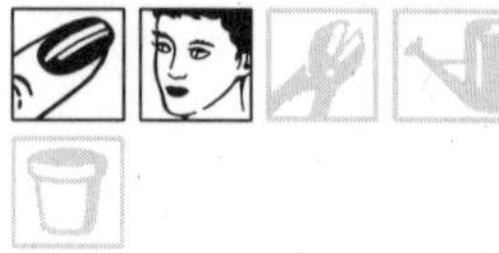

Wassermann
zunehmender Mond

Gesund bleiben, gesund werden. Zunehmender Mond im Tierkreiszeichen Wassermann – das ist immer ein idealer Zeitpunkt, um einem angeschlagenen Kreislauf auf die Sprünge zu helfen und tiefe Augenringe zu beseitigen. Aufbauende Gesichtspackungen tun jetzt besonders gut. Und vielleicht das Reduzieren von Milchprodukten. Und den Nikolausspaziergang nicht vergessen! Selbst wenn das Wetter nicht mitspielt, sollten Sie ihn nicht versäumen. Einfach an die alte Weisheit denken: Schlechtes Wetter existiert nicht, es gibt nur unangemessene Kleidung. Dabei tiefes Durchatmen nicht vergessen! Einfach ein wenig üben.

Samstag

7

DEZEMBER

Der Mond – Ihr guter Freund in Haushalt und Alltag. Manchmal macht es uns Freude, auf Zusammenhänge hinzuweisen, die das Wirken der Mondkräfte überdeutlich beweisen. Ein Beispiel ist das unterschiedliche Verhalten von Hobelspänen: Bei zunehmendem Mond gehobelt und verarbeitet bleiben die Holz-»Locken« so elastisch, dass man damit Kissen füllen kann, die noch jahrelang duften (etwa mit Zirbenspänen). Bei abnehmendem Mond dagegen werden die Späne schneller spröde, zerbröseln leichter und stechen durch den Stoff hindurch, wenn in Kissen verarbeitet. Auch ihr feines Aroma bleibt dann nicht so lange erhalten.

Wassermann
zunehmender Mond

Element:
Luft
Tagesqualität:
Licht
Nahrungsqualität:
Fett
Pflanzenteil:
Blüte
Körperzone:
Unterschenkel, Venen
Organsystem:
Drüsensystem

Element:
Wasser
Tagesqualität:
Feuchte
Nahrungsqualität:
Kohlenhydrate
Pflanzenteil:
Blatt
Körperzone:
Füße, Zehen
Organsystem:
Nervensystem

Sonntag
8
DEZEMBER
Mariä Empf./
2. Advent

Einfach zum Nachdenken

Pippi Langstrumpf verkörpert meine eigene
kindliche Sehnsucht danach,
einen Menschen zu treffen,
der Macht besitzt,
aber sie nicht missbraucht.

Astrid Lindgren

Fische
zunehmender Mond

Montag
9
DEZEMBER

Der besondere Tipp. Gut informiert ist gut vorbereitet: An Fischetagen ist die Wirkung von Nikotin, Alkohol und Medikamenten noch stärker als zu anderen Zeiten. Vielleicht haben Sie es ja schon bemerkt, dass Sie manche Dinge ganz unterschiedlich vertragen. Wenn Fische auf ein Wochenende fällt, ist die Gefahr von Überreaktionen größer als sonst. Ob am ganzen Körper, der Haut oder als spontan einsetzende Kopfschmerzen. Achten Sie einmal bewusst darauf und reagieren Sie mit rechtzeitigem Verzicht. Auch Genussmittel gehören zu den Kopfschmerzverstärkern.

Element:
Wasser
Tagesqualität:
Feuchte
Nahrungsqualität:
Kohlenhydrate
Pflanzenteil:
Blatt
Körperzone:
Füße, Zehen
Organsystem:
Nervensystem

Fische
zunehmender Mond

Dienstag

10

DEZEMBER

Element:
Feuer
Tagesqualität:
Wärme
Nahrungsqualität:
Eiweiß, Frucht
Pflanzenteil:
Frucht
Körperzone:
Kopfbereich bis Oberkiefer
Organsystem:
Sinnesorgane

Widder
zunehmender Mond

Der besondere Tipp. Noch bis zum 15. Dezember ist der Einfluss des Mondes ideal zum Basteln von Weihnachtsgestecken. Naturmaterialien lassen sich gut verarbeiten und brechen nicht. Nadelbaumzweige, jetzt geschnitten, verlieren ihre Nadeln auch nicht. Das ist viel angenehmer, wenn die Deko später wieder abgenommen wird. Das Nadeln ist mitunter auch der Grund, warum viele Menschen auf Plastik zurückgreifen. Plastik ist immer ein trauriger Anblick, aber seit mehr Umweltbewusstsein herrscht, schon fast unerträglich. Das alte Mondwissen kann hier einen gesunden Beitrag leisten.

Mittwoch

11

DEZEMBER

Der besondere Tipp. Zunehmender Mond in Widder – da liegt oft einiges »in der Luft«, aber der Tag bringt eine ganz andere Kraft mit sich. Man fühlt sich oft nicht besonders auf der Höhe und reagiert je nach Grundstimmung mit Gereiztheit oder eher gedrückter Laune. Aber »gut informiert ist gut vorbereitet«! Sie können jetzt vorbeugen, einfach, indem Sie diese Neigungen nicht überbewerten. Das »Geheimrezept« lautet: Nichts von dem, was geschieht, allzu persönlich zu nehmen. Einfach so gut es geht überstehen, denn schon morgen weht ein anderer Wind.

Widder
zunehmender Mond

Element:
Feuer
Tagesqualität:
Wärme
Nahrungsqualität:
Eiweiß, Frucht
Pflanzenteil:
Frucht
Körperzone:
Kopfbereich bis Oberkiefer
Organsystem:
Sinnesorgane

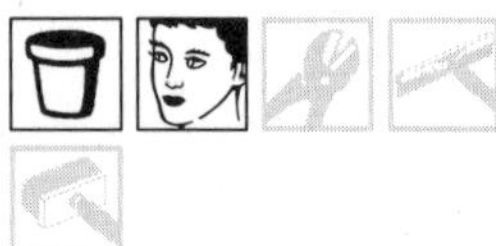

Donnerstag

12

DEZEMBER

Element:
Erde
Tagesqualität:
Kälte
Nahrungsqualität:
Salz
Pflanzenteil:
Wurzel
Körperzone:
Unterkiefer, Halsregion
Organsystem:
Kreislauf

Stier
zunehmender Mond

Gesund bleiben, gesund werden. Weihnachtskonzerte finden manchmal in eiskalten Kirchen oder wenig genutzten Sälen statt. Kein Wunder, wenn sich anschließend viele Besucher krank fühlen. An Stiertagen wie heute sollten Sie besonders die Halsregion gut schützen. Beobachten Sie ab und zu einmal, was praktische Ärzte schon längst wissen. Nämlich, dass viele Menschen gleichzeitig die gleichen körperlichen Probleme haben. Die Halsregion ist an Stiertagen empfindlicher, die Brustregion an Krebstagen usw. Mit diesem Wissen sind Sie gut gerüstet, um erfolgreich vorzubeugen.

Freitag

13

DEZEMBER

Moon Power für Garten, Feld und Wald. Sie blicken in den eigenen Garten hinaus und freuen sich trotzdem schon auf einen Frühling in Harmonie mit dem Mondkalender, obwohl noch Schnee und Reif liegen? Gut geplant ist halb gewonnen! Denken Sie in Ruhe darüber nach, ob die folgenden Dinge in Ihrem Garten einen sinnvollen Platz haben oder bekommen sollen: schöne Steine fürs Auge, Reisighaufen als Quartier für Kleingetier, Holz zum Bauen, Gartengeräte, Ruheplatz, Hängematte, Leseecke, windgeschützter Sitzplatz. All das braucht ein Garten, wenn er mehr sein soll als nur Schaufenster oder Aushängeschild für Gäste.

Element:
Erde
Tagesqualität:
Kälte
Nahrungsqualität:
Salz
Pflanzenteil:
Wurzel
Körperzone:
Unterkiefer, Halsregion
Organsystem:
Kreislauf

Stier
zunehmender Mond

Samstag

14

DEZEMBER

Element:
Luft
Tagesqualität:
Licht
Nahrungsqualität:
Fett
Pflanzenteil:
Blüte
Körperzone:
Schultern, Arme, Hände
Organsystem:
Drüsensystem

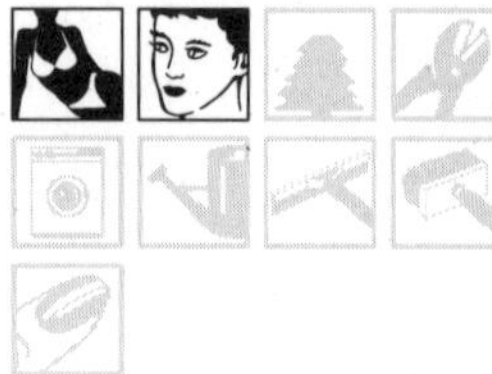

Zwillinge
zunehmender Mond

Gesund bleiben, gesund werden. Heute besonders wichtig: Ein Zuviel von Weihnachtssüßigkeiten, Nüssen und anderen Leckereien der Adventszeit kann sich an Zwillinge, also heute und morgen, besonders negativ auswirken. Allergiker sollten besonders wachsam sein, denn sogar eine schon überwunden geglaubte Allergie kann heute wieder aufbrechen! Die Zwillinge-Energie hat zudem die seltsame Eigenschaft, die Entschlusskraft zu bremsen, also sollten Sie wachsam bleiben und sich von vornherein nur energetisch hochwertige Naturprodukte gönnen. Auf das Wort »bio« auf dem Etikett achten, das wäre schon ein guter Anfang.

Sonntag

15

DEZEMBER
3. Advent

Einfach zum Nachdenken

Ich verstehe nicht,
warum so viele Frauen darunter leiden,
dass sie schon wieder ein Jahr älter geworden sind.
Nicht mehr ein Jahr älter zu werden –
das wäre die Katastrophe.

Liv Ullmann

10.00

Zwillinge
Vollmond

Element:
Luft
Tagesqualität:
Licht
Nahrungsqualität:
Fett
Pflanzenteil:
Blüte
Körperzone:
Schultern, Arme, Hände
Organsystem:
Drüsensystem

Element:
Wasser
Tagesqualität:
Feuchte
Nahrungsqualität:
Kohlenhydrate
Pflanzenteil:
Blatt
Körperzone:
Brustbereich, Lunge
Organsystem:
Nervensystem

Montag 16 DEZEMBER

Krebs
abnehmender Mond

Der besondere Tipp. Dass man mit Farben den Alltag harmonischer gestalten kann, weiß jeder, der bei Kleidung und Innenräumen darauf achtet. Auch Mondrhythmus und Farben vertragen sich gut, etwa beim Meditieren: Die Meditationsfarbe des Tierkreiszeichens Krebs beispielsweise ist Grün. Stellen Sie sich einfach die von Krebs regierte Körperzone, die Brustregion, in grünes Licht gehüllt vor. Das wirkt kräftigend, harmonisierend und heilend. Die Wirkung ist noch verstärkt, wenn Sie auch noch zeitgleich mit dem Mondkalender meditieren, also diese Meditation auch direkt an Krebstagen wie heute und morgen machen.

Dienstag 17 DEZEMBER

Gesund bleiben, gesund werden. Am Kohlenhydratetag Krebs ein Spezialtipp: Versuchen Sie langsam, Zucker und zuckerhaltige Lebensmittel in Ihrem Alltag zu reduzieren. Zucker, vor allem raffinierter weißer Zucker, schadet zu allen Zeiten. Kürzlich sprach eine »Ernährungsexpertin« im TV über Zucker und behauptete, dass der Wunsch nach Süßigkeiten »angeboren« sei. Falsch! Zuckerkonsum ist ein Paradebeispiel dafür, wie eine Gewohnheit beziehungsweise Sucht sich so tief ins »normale Leben« einschleichen kann, dass wir sie für selbstverständlich halten. Wir bezahlen dafür mit unserer guten Gesundheit.

Element:
Wasser
Tagesqualität:
Feuchte
Nahrungsqualität:
Kohlenhydrate
Pflanzenteil:
Blatt
Körperzone:
Brustbereich, Lunge
Organsystem:
Nervensystem

Krebs
abnehmender Mond

Mittwoch

18

DEZEMBER

Element:
Wasser
Tagesqualität:
Feuchte
Nahrungsqualität:
Kohlenhydrate
Pflanzenteil:
Blatt
Körperzone:
Brustbereich, Lunge
Organsystem:
Nervensystem

Krebs
abnehmender Mond

Einfach zum Nachdenken

Die drei schwierigsten Dinge für einen Menschen
sind nicht körperliche Höchstleistungen oder
geistige Glanzstücke,
sondern erstens: Hass mit Liebe zu vergelten;
zweitens: das Ausgeschlossene mit einzuschließen;
drittens: zuzugeben, dass man unrecht hatte.
Meistert er diese drei Dinge, hat er das Leben gemeistert.

Anthony de Mello

Donnerstag

19

DEZEMBER

Der besondere Tipp. Die besondere Energie der Weihnachtstage eignet sich wunderbar fürs Meditieren, besonders auch mit Farben. Die »Meditationsfarbe« des Tierkreiszeichens Löwe ist Grün. Stellen Sie sich die Herzregion einfach in grünes Licht gehüllt vor. Das wirkt kräftigend, harmonisierend und heilend. Die Wirkung ist tiefgreifend, wenn Sie auch noch zeitgleich mit dem Mondkalender meditieren, also diese Meditation auch direkt an Löwetagen machen. Ab Samstag dann, im Tierkreiszeichen Jungfrau, wären die Verdauungsorgane dran, die mit der Meditationsfarbe Gelb positiv beeinflusst werden können.

Löwe
abnehmender Mond

Element:
Feuer
Tagesqualität:
Wärme
Nahrungsqualität:
Eiweiß, Frucht
Pflanzenteil:
Frucht
Körperzone:
Herzregion, Kreislauf
Organsystem:
Sinnesorgane

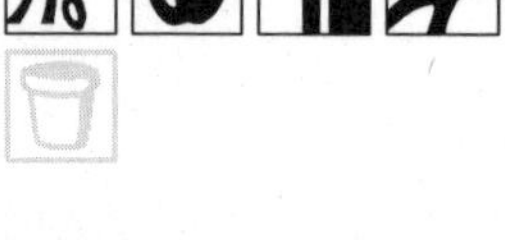

Element:
Feuer
Tagesqualität:
Wärme
Nahrungsqualität:
Eiweiß, Frucht
Pflanzenteil:
Frucht
Körperzone:
Herzregion, Kreislauf
Organsystem:
Sinnesorgane

Freitag

20

DEZEMBER

Löwe
abnehmender Mond

Der besondere Tipp. Am kommenden Montag öffnet sich das vorletzte Türchen im Adventskalender und vielleicht inspiriert das heute zu letzten Weihnachtseinkäufen. Löwe bringt jedoch eine ungeduldige und hektische Energie mit, die Sie besonders im Straßenverkehr und im Auftrieb in den Geschäften zu spüren bekommen. Die Ellbogenmentalität bricht sich heute eher Bahn. Erledigen Sie also besser Dinge, die nicht so viel Nervenkraft brauchen, und warten Sie mit Einkäufen eventuell noch bis morgen. Jungfrau kühlt dann hitzige Löwe-Kräfte auf ein erträgliches Maß.

Der besondere Tipp. Heute ist wieder »Thomastag«, der beste Holzschlagetag im ganzen Jahr. Die Qualität des heute geernteten Holzes ist so gut, dass es für fast jeden Zweck und Anwendungsbereich ideal ist – mit Ausnahme von Brennholz, mit dem man heute nicht glücklich wird. Überall, wo es um Dauerhaftigkeit, geringe Bewegung und Schwund, Reißfestigkeit usw. geht, da ist Holz vom Thomastag der Stoff der Wahl. Bedenken Sie jedoch stets, dass alle Regeln zum Holzschlagen nur dann Gültigkeit haben, wenn das Holz auf natürliche Weise getrocknet wird. Nur Restfeuchte darf in Trockenkammern beseitigt werden.

Samstag

21

DEZEMBER

Element:
Erde
Tagesqualität:
Kälte
Nahrungsqualität:
Salz
Pflanzenteil:
Wurzel
Körperzone:
Verdauungsorgane
Organsystem:
Kreislauf

Jungfrau
abnehmender Mond

Sonntag

22

DEZEMBER

4. Advent

Element:
Erde
Tagesqualität:
Kälte
Nahrungsqualität:
Salz
Pflanzenteil:
Wurzel
Körperzone:
Verdauungsorgane
Organsystem:
Kreislauf

Jungfrau
abnehmender Mond

Einfach zum Nachdenken. Niemand soll die Falten auf meiner Stirn wegzaubern, die ich durch die Verwunderung angesichts der Schönheit des Lebens bekommen habe; oder die Falten um meinen Mund herum, die zeigen, wie viel ich gelacht und geküsst habe; und auch nicht die Tränensäcke, denn sie erinnern daran, wie viel ich geweint habe. Das sind meine Falten, und sie sind schön. *Meryl Streep*

Montag

23

DEZEMBER

Der besondere Tipp. Unser Tipp für den Lichttag Waage: Eine weihnachtliche Stimmung lässt sich nicht nur durch die Lieder, sondern auch durch besondere Düfte und Aromaöle einladen. Füllen Sie eine Duftlampenschale mit Wasser und geben Sie einige Tropfen Ihres Lieblingsduftöls hinzu. Stellen Sie ein brennendes Teelicht darunter und genießen Sie den Tag. An Blütentagen wie heute wirkt der Duft doppelt gut. Achten Sie jedoch unbedingt auf naturreine Öle. Sehr wichtig ist auch der Abstand zwischen Kerze und Schale: nicht zu klein, weil sonst das Wasser schneller verdunstet als das Öl.

Waage
abnehmender Mond

Element:
Luft
Tagesqualität:
Licht
Nahrungsqualität:
Fett
Pflanzenteil:
Blüte
Körperzone:
Hüfte, Nieren, Blase
Organsystem:
Drüsensystem

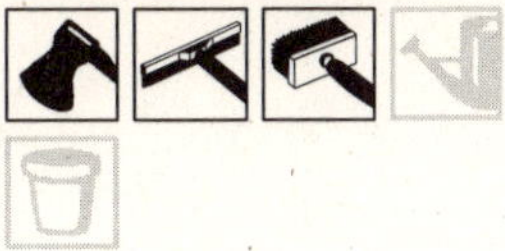

Element:
Luft
Tagesqualität:
Licht
Nahrungsqualität:
Fett
Pflanzenteil:
Blüte
Körperzone:
Hüfte, Nieren, Blase
Organsystem:
Drüsensystem

Dienstag

24

DEZEMBER
Heiliger Abend

Waage
abnehmender Mond

Wir wünschen Ihnen fröhliche und friedliche Weihnachten! Begleitet von der ausgleichenden Waage-Energie ein Zitat von Herzen: »Wir werden nicht zur Normalität zurückkehren. Das Normale gab es nie. Unser Leben vor Corona war nicht normal – es sei denn, wir betrachten Gier, Ungleichheit, Erschöpfung, Ausbeutung, Entfremdung, Verwirrung, Zorn, Anhäufen, Hass und Mangel als normal. Wir sollten uns eine Rückkehr zur Normalität nicht wünschen, meine Freundinnen und Freunde. Wir bekamen die Gelegenheit, ein neues Kleid zu nähen. Eines, das der ganzen Menschheit und der Natur passt.« *Sonya Renée Taylor*

Mittwoch

25

DEZEMBER
1. Weihnachtsfeiertag

Medizin für die Seele

Ein Meister fragte eines Tages seine Schüler,
wie sie das Ende der Nacht vom Beginn des Tages
unterscheiden können.
Einer sagte: »Wenn man in der Ferne ein Tier sieht
und erkennt, ob es eine Kuh oder ein Pferd ist.«
»Nein«, sagte der Meister.
»Wenn man aus der Ferne erkennen kann,
ob der Baum eine Kirsche oder eine Linde ist.«
»Wieder falsch«, sagte der Meister.
(Lesen Sie morgen weiter)

Element:
Luft
Tagesqualität:
Licht
Nahrungsqualität:
Fett
Pflanzenteil:
Blüte
Körperzone:
Hüfte, Nieren, Blase
Organsystem:
Drüsensystem

Waage
abnehmender Mond

Donnerstag

26

DEZEMBER

2. Weihnachtsfeiertag

Element:
Wasser
Tagesqualität:
Feuchte
Nahrungsqualität:
Kohlenhydrate
Pflanzenteil:
Blatt
Körperzone:
Geschlechtsorgane
Organsystem:
Nervensystem

Skorpion
abnehmender Mond

(Fortsetzung von gestern)
»Wenn man erkennt, ob es ein Habicht oder eine Krähe ist, die da fliegt.«
»Auch nicht«, sagte der Lehrer.
»Also, wie dann?«, fragten die Schüler.
»Wenn man in das Gesicht eines Mannes blickt und darin seinen Bruder erkennt;
wenn man in das Gesicht einer Frau blickt und in ihr seine Schwester erkennt.
Wer dazu nicht fähig ist, für den ist
– wo immer die Sonne auch stehen mag – Nacht.«

Freitag

27

DEZEMBER

Der Mond – Ihr guter Freund in Haushalt und Alltag. Von der Sisyphusarbeit von Routinen im Haushalt bleibt niemand verschont. Um also den Hausputz zwischen Weihnachten und vor Neujahr so angenehm und leichthändig wie möglich zu gestalten, sollten Sie die Kraft der Wassertage im abnehmenden Mond nutzen. Heute und morgen wird alles schneller sauber und trocknet dann leichter. Wenn Ihnen ein größerer Hausputz vorschwebt – mit Gardinen waschen, Teppiche reinigen, Küche oder andere Räume neu weißeln usw. –, dann steht Ihnen der abnehmende Mond bis Montag zur Seite.

Skorpion
abnehmender Mond

Element:
Wasser
Tagesqualität:
Feuchte
Nahrungsqualität:
Kohlenhydrate
Pflanzenteil:
Blatt
Körperzone:
Geschlechtsorgane
Organsystem:
Nervensystem

Element:
Feuer
Tagesqualität:
Wärme
Nahrungsqualität:
Eiweiß, Frucht
Pflanzenteil:
Frucht
Körperzone:
Oberschenkel, Venen
Organsystem:
Sinnesorgane

Samstag 28 DEZEMBER

Gesund bleiben, gesund werden. Um Verdauungsproblemen nach schwerem Essen zu begegnen, wäre beispielsweise ein Fencheltee eine wirkungsvolle Sache. Wenn Sie häufiger Samen (Fenchel, Kümmel, Anis usw.) für Ihren Gesundheits- oder Verdauungstee verwenden, dann gehorchen Sie einmal nicht den Anwendungsvorschriften, sondern Ihrem Gefühl. Nehmen Sie als Menge etwa einen Teelöffel voll für einen viertel Liter Wasser und kochen Sie die Körner auf. Nach dem Aufkochen nur noch köcheln lassen. Erst wenn der Tee zu duften beginnt (!), nach etwa 10 Minuten, Herd abstellen, noch 5 Minuten ziehen lassen und dann abseihen.

Schütze
abnehmender Mond

Sonntag 29 DEZEMBER

Einfach zum Nachdenken

Freiheit wird nicht mit dem Streben nach Freiheit,
sondern mit dem Streben nach Wahrheit erlangt.
Freiheit ist kein Ziel, sondern eine Folge.
Wenn du dich unfrei fühlst, so suche die Ursache in dir.

Leo Tolstoi

Element:
Feuer
Tagesqualität:
Wärme
Nahrungsqualität:
Eiweiß, Frucht
Pflanzenteil:
Frucht
Körperzone:
Oberschenkel, Venen
Organsystem:
Sinnesorgane

Schütze
abnehmender Mond

Montag

30

DEZEMBER

Element:
Feuer
Tagesqualität:
Wärme
Nahrungsqualität:
Eiweiß, Frucht
Pflanzenteil:
Frucht
Körperzone:
Oberschenkel, Venen
Organsystem:
Sinnesorgane

23.26

Schütze
Neumond

Der besondere Tipp für den vorletzten Tag des Jahres: Sie haben gute Vorsätze fürs neue Jahr? Setzen Sie sie unbedingt schon heute um! Jeder Neumondtag ist besser dafür geeignet als fast jedes andere Datum im Kalender. Positive Kräfte stehen dann länger zur Verfügung, und eventuelle Entzugserscheinungen halten sich in Grenzen. Viel Glück!

Dienstag

31

DEZEMBER
Silvester

Wir wünschen Ihnen alles Liebe und Gute für 2025!

Möge in Erfüllung gehen,
was Sie sich für die Zukunft wünschen,
möge kommen, was Ihren Weg hilfreich begleitet.

Ihre Johanna Paungger-Poppe & Thomas Poppe

Steinbock
zunehmender Mond

Element:
Erde
Tagesqualität:
Kälte
Nahrungsqualität:
Salz
Pflanzenteil:
Wurzel
Körperzone:
Knie, Knochen, Haut
Organsystem:
Kreislauf

Die *Paungger & Poppe*-Service-Seiten

Der Mond im Internet

Sie finden uns im Internet unter: **www.paungger-poppe.com**. Dort warten Infos zu allen möglichen Dingen, Leseproben, Vortragstermine. Sie können auch unsere Bücher, Kalender und Produkte direkt bestellen, den Alpha-/Omega-Fragebogen ausfüllen und die Gesundheitswochen-Infos direkt herunterladen. Sagen Sie es all Ihren Freunden, Verwandten und Bekannten in aller Welt: Die Homepage ist auch in Englisch online!

Der Alpha-Omega-Ernährungstyp

Von entscheidender Bedeutung für die Umstellung auf eine gesunde Ernährung ohne Diätstress ist die Kenntnis des eigenen Ernährungstyps. Gesundheit aus eigener Kraft ist erst dann ein mühelos erreichbares Ziel. Unsere Arbeit auf diesem Gebiet trägt inzwischen Früchte, und wir freuen uns täglich über die positiven Zuschriften. Besonders unser Buch zum Thema, die *Alpha-Omega-Formel,* hat dazu beigetragen, dass dieses wertvolle Wissen unserer Vorfahren wieder seinen angestammten Platz einnimmt.

Natürlich ist es manchmal schwierig, nach Jahrzehnten der Gewöhnung an bestimmte Nahrungsmittel den Ernährungstyp auf Anhieb zu erkennen. Hier unser Angebot: Auf unserer Website **www.paungger-poppe.com** ermitteln wir für Sie den persönlichen Ernährungstyp anhand eines Fragebogens (Menüpunkt »Service«). Sie erhalten nach einigen Tagen Ihre Auswertung und eine genaue Beschreibung des ermittelten Ernährungstyps (zum Preis von 18 €, per E-Mail).

Ihr persönlicher Biorhythmus

Wie wertvoll die Kenntnis des persönlichen Biorhythmus ist, haben wir ausführlich in unserem Buch *Aus eigener Kraft* dargestellt, ebenso wie Sie ihn selbst ausrechnen können.

Unser Angebot: Wir senden Ihnen auf Anfrage an **vrz@aon.at** eine genaue Anleitung zu, wie Sie Ihren persönlichen Biorhythmus selbst ausrechnen können. **Auf unserer Website können Sie ihn allerdings auch bestellen, für ein oder mehrere Jahre im Voraus.**

Rund um den richtigen Zeitpunkt

Oftmals werden wir gefragt, warum unsere Kalender keine Angaben zum richtigen Zeitpunkt von Geschäftsabschlüssen, Verhandlungen, Liebe nach dem Mond usw. enthalten. Die Antwort fällt nicht schwer: Was in anderen Mondkalendern auf dem Buchmarkt an »Mehrwert«-Informationen enthalten ist, wird in der Regel nicht vom Mond beeinflusst oder es eignet sich nicht zur Aufnahme in einen Kalender oder es fällt in das Fach »Astrologie«.

Die Frage, warum sich manch andere Mondkalender von unseren unterscheiden, beantworten wir ausführlich per E-Mail oder Brief (an **vrz@aon.at**), wenn Sie möchten. Hier nur so viel: Unsere Kalender sind nicht »unsere« Kalender. Sie werden seit Jahrtausenden so und nicht anders berechnet und verwendet. Andere Kalender sind nicht unbedingt falsch, aber sie sind nicht Grundlage des Wissens gewesen, das wir Ihnen in unseren Büchern nahebringen. Wer sich in der Praxis des Mondwissens auskennt, findet schnell heraus, womit er arbeiten kann und womit eher nicht.

Manche Kalenderverfälschung geschieht allerdings auch absichtlich. Im Laufe der Geschichte ist das Mondwissen immer wieder in Vergessenheit geraten, weil ein Naturgesetz an der Arbeit ist, nämlich dass sich Kirchen und Staat stets vor mündigen Bürgern fürchten. Ein unabhängiger, selbstverantwortlicher Geist ist für jedes Macht- und

Ausbeutungsinteresse kein lohnendes Opfer. Wer erkannt hat, dass echtes Glück niemals von Äußerlichkeiten abhängt, entgleitet seinen Fängen. Und Wissen ist für manche die größte Bedrohung. Glücklicherweise leben wir heute in Zeiten mit relativ großer Freiheit, sich korrekt zu informieren, der eigenen Erfahrung zu vertrauen und nach ihr zu handeln. Nutzen wir diese Freiheit!

Mit unserem Mondversand immer auf der Höhe!
Wenn Sie sich generell für unsere Arbeit, für Kalender, Bücher und gute Sachen rund um den richtigen Zeitpunkt interessieren und stets auf dem Laufenden bleiben wollen, schauen Sie auf unserer Website **www.paungger-poppe.com** vorbei und melden Sie sich zu unserem Newsletter an.

Hier können Sie auch alle Serviceleistungen, Alpha-/Omega-Auswertung usw. anfordern und zu unserem Mondversand wechseln (**www.mondversand.de**). Warum gibt es ihn eigentlich, werden wir oft gefragt. »Warum tun Sie sich das auch noch an?«, wollten manche unserer LeserInnen wissen. Nun, erstens wollen wir zeigen, dass unsere Vorfahren keine Narren waren in ihrer Achtsamkeit auf den Lauf des Mondes und auf die Gesetze, die den »richtigen Zeitpunkt« bestimmen. Die nahe Zukunft zwingt uns, wieder auf natürliche, umweltschonende und damit menschenwürdige Methoden der Herstellung von Gebrauchsgegenständen zurückzugreifen. Wir tun es schon jetzt. Zweitens bemühen wir uns alle gemeinsam, Fairness walten zu lassen – faire Herstellung ohne Ausbeutung von Mensch und Natur, faires Miteinander im Handel. Wir fördern ehrliche Arbeit und altes Handwerk. Immer mehr Menschen sollen verstehen: Durch Spekulation und Ausbeutung verdientes Geld ist menschenunwürdig und im wahrsten Sinne umweltschädlich.

Nur echtes Miteinander löst alle Probleme. Das Gegeneinander in der Welt dient bestimmten Interessen. Es sind niemals Ihre Interessen, liebe LeserInnen! Deshalb ist es uns eine besondere Freude, Ihnen weiterhin unsere einmalige Kosmetik »vom richtigen Zeitpunkt« anzubieten, unsere Mond-Tees, die Kräuterkissen, die schönen Dinge aus Mondholz »vom richtigen Zeitpunkt«, die Alpha-/Omega-Pausensnacks für Büro und Schule usw.

Wir informieren Sie:

Mondversand
Johanna Paungger & Thomas Poppe
Postfach 3
A-5230 Mattighofen

E-Mail: info@mondversand.at
www.paungger-poppe.com
www.mondversand.com

Liebe Leserinnen und Leser, bitte haben Sie Verständnis, wenn wir es nicht immer schaffen, alle privaten Anfragen zu beantworten. Bis heute können wir diese Arbeit nur persönlich erledigen.